AF619095

Schwabe reflexe

Band 86

Anton Hügli
Markus Wild (Hg.)

Ich bin so frei

Essays zum Werk von Annemarie Pieper

Schwabe Verlag

Gefördert durch die Universität Basel.

Bibliografische Information der Deutschen Nationalbibliothek
Die Deutsche Nationalbibliothek verzeichnet diese Publikation in der Deutschen Nationalbibliografie; detaillierte bibliografische Daten sind im Internet über http://dnb.dnb.de abrufbar.

Korrektorat: Jens Stahlkopf, Berlin
Gestaltungskonzept: icona basel gmbH, Basel
Cover: Kathrin Strohschnieder, Stroh Design, Oldenburg
Layout: icona basel gmbh, Basel
Satz: 3w+p, Rimpar
Druck: Beltz Grafische Betriebe GmbH, Bad Langensalza
Printed in Germany
Herstellerinformation: Schwabe Verlag, Schwabe Verlagsgruppe AG, St. Alban-Vorstadt 76, 4052 Basel, info@schwabeverlag.ch
Verantwortliche Person gem. Art. 16 GPSR: Schwabe Verlag GmbH, Marienstraße 28, 10117 Berlin, info@schwabeverlag.de
ISBN Printausgabe 978-3-7965-5367-7
ISBN eBook (PDF) 978-3-7965-5368-4
DOI 10.24894/978-3-7965-5368-4
Das eBook ist seitenidentisch mit der gedruckten Ausgabe und erlaubt Volltextsuche. Zudem sind Inhaltsverzeichnis und Überschriften verlinkt.

rights@schwabe.ch
www.schwabe.ch

Inhalt

Philosophie

Glück

Lesen

Vorwort und Dank

Annemarie Pieper war von 1981 bis 2001 Professorin der Philosophie an der Universität Basel. Sie ist am 15. Februar 2024, nur wenige Wochen nach ihrem 83. Geburtstag, gestorben. Mit ihr hat die Philosophie eine klare, engagierte und menschliche Stimme verloren.

Am 4. Oktober 2024 haben die beiden Herausgeber dieses Bandes gemeinsam mit der Philosophischen Gesellschaft Basel in der Alten Universität in Basel zu einer Gedenkveranstaltung für die grosse Lehrerin, Forscherin und Persönlichkeit eingeladen. Eine eigentliche Gedenkfeier sollte es nicht sein, denn gefeiert zu werden wäre unseres Erachtens nicht im Sinne von Annemarie Pieper gewesen. Sie war keine Freundin der grossen Geste, der offiziellen Veranstaltung, des Formalen, des Feierlichen. Was sie liebte, war das Gespräch, das offene Wort, das Zursachekommen.

Die Vorträge und Diskussionen an dieser Gedenkveranstaltung gaben einen Einblick in Annemarie Piepers philosophisches Werk oder galten persönlichen Erinnerungen an sie und an ihr Wirken. Alle Vortragenden haben Annemarie Pieper persönlich gekannt, sei es als Kollegin oder als Lehrerin.

Aus der Gedenkveranstaltung ist dieser Band hervorgegangen. Er enthält zwölf Essays und einen Nachruf. In den Essays werden die grossen und kleinen Themen behandelt, die Annemarie Pieper in ihrem Leben bewegt haben: das Radfahren, die Politik, der Feminismus, die Philosophie, das Glück und das Lesen. Alle diese Themen sind bei Annemarie Pieper vom Duft der Freiheit und dem Geist der Offenheit durchweht. Denn das eine, um das es ihr immer ging, war Freiheit. Darum haben wir dem Band den Titel «Ich bin so frei» gegeben.

Die Essays in diesem Buch wollen mit Annemarie Pieper weiterdenken und ihr Denken lebendig halten. Sie tun dies aus den unterschiedlichen Blickwinkeln unterschiedlichster Persönlichkeiten. Doch allen gemeinsam ist der Versuch, ein möglichst breites, interessiertes Publikum anzusprechen, eben jenes Publikum, das auch Annemarie Pieper am Herzen lag und um das es ihr primär ging, als sie sich 2001 mit 60 Jahren von der Universität verabschiedete. In den über 20 Jahren, in denen sie noch aktiv sein konnte, hat sie mit ihrem Philosophieren die Öffentlichkeit gesucht. Sie verfasste Essays und Romane, hielt Vorträge, gab Workshops und Interviews. Sie hat so Populärphilosophie im besten Sinne des Wortes gemacht. In diesem Sinne versuchen auch die Essays in diesem Band populärphilosophisch zu sein.

Wir bedanken uns bei allen Beiträgerinnen und Beiträgern dafür, dass sie ihre Texte für dieses Vorhaben zur Verfügung gestellt haben. Wir bedanken uns bei der Universität Basel und dem Philosophischen Seminar für die Unterstützung unseres Vorhabens. Wir bedanken uns beim Schwabe Verlag für die Begeisterung für unser Projekt und für seine Betreuung. Und natürlich bedanken wir uns von Herzen bei Annemarie Pieper für die Art und Weise, wie sie uns lebendiges Denken, nachdenkliches und heiteres Philosophieren vor Augen geführt hat. Dieser Band soll ein Zeichen sein unserer tiefen Dankbarkeit.

Basel, im Mai 2025
Anton Hügli, Markus Wild

Nachruf auf die Philosophin Annemarie Pieper

Ein Seil aus drei Schnüren reisst nicht so schnell

Markus Wild

Von Kierkegaard nach Basel und zurück

Annemarie Pieper wurde am 8. Januar 1941, mitten im Krieg, in Düsseldorf geboren. Da sie ein Faible für Literatur und Sprache besass, und sogar den Wunsch verspürte, Schriftstellerin zu werden, studierte sie ab 1960 Sprachen an einem Dolmetscher-Institut und parallel dazu Philosophie, Germanistik und Anglistik an der Universität des Saarlandes. 1967 promovierte sie ebendort, als erste Frau am Philosophischen Institut, über Søren Kierkegaard und wurde die erste wissenschaftliche Mitarbeiterin. Zwei Jahre später folgte sie ihrem Doktorvater Hermann Krings nach München, wo sie sich 1972, unterstützt durch ein Stipendium der Deutschen Forschungsgemeinschaft, zur Frage der Ethik als autonome Wissenschaft habilitierte und als Dozentin und später Professorin arbeitete. Annemarie Pieper gehörte zu den ersten, die analytische Ethik und Transzendentalphilosophie miteinander verbanden. Diese doppelte Stossrichtung fand ihren Ausdruck etwa in der editorischen Mitarbeit an der Herausgabe von Schellings Schriften und in der Übersetzung von G. E. Moores *Grundprobleme der Ethik.*

Nach ihrer Berufung nach Basel, wiederum als erste Frau auf eine Professur in der Fakultät, konzentrierte sie sich auf die Lehre der praktischen Philosophie, was sich in der Publikation von *Ethik und Moral. Eine Einführung in die praktische Philosophie* (1985) niederschlug. Diese Einführung wurde zu einem

Standardwerk und fand angereichert durch zahlreiche Ergänzungen eine endgültige Form in *Einführung in die Ethik* (2007). In Basel wandte sie sich verstärkt dem Existenzialismus von Albert Camus, dem Denken Friedrich Nietzsches und der feministischen Ethik zu. Der Zarathustra-Kommentar «*Ein Seil geknüpft zwischen Tier und Übermensch*» (1990) wurde zu einem Klassiker der Nietzsche-Forschung. Annemarie Pieper knüpfte einerseits an die Basler philosophische Tradition durch aktive Mitwirkung an der Nietzsche-Edition und in der Karl-Jaspers-Stiftung an, andererseits nahm sie das Thema ihrer Promotionsarbeit wieder auf. Als ob sich ein Kreis schlösse, beendete sie ihre akademische Laufbahn nach 33 Jahren mit der Publikation der grossartigen Einführung *Søren Kierkegaard* (2000).

Der erste Lebenstraum als zweite Karriere

Annemarie Pieper liess sich 2001 vorzeitig pensionieren. Sie hatte ein Studium in einem von Männern dominierten Fach aufgenommen und war in diesem Fach wiederholt die erste Frau gewesen, in Saarbrücken, in München, in Basel. Wie sie in ihrer kurzen Autobiografie *Umwege zur Philosophie* (1996) deutlich machte, sahen nicht wenige ihrer männlichen Kollegen mit Argwohn auf ihre kompromisslose Autonomie, und sie hatten sie immer wieder spüren lassen, dass sie nicht willkommen war. Es ist nicht leicht, eine Pionierin zu sein, und ihr Abschied erfolgte nicht ohne Erleichterung gegenüber einer Institution, die sich als nur langsam lernfähig erwiesen hatte.

Nach ihrer Emeritierung startete Annemarie Pieper eine neue Karriere, die wiederum zwanzig Jahre dauern würde. Sie zog sich nicht ins Privatleben zurück, sondern fand eine neue Tätigkeit in einem dritten Raum jenseits von Arbeitsplatz und

Privatleben. Sie wurde zu einer öffentlichen Denkerin, die durch zahllose Vorträge, Interviews, Essays, Bücher und Weiterbildungen unzählige Menschen ausserhalb der akademischen Philosophie erreichte. Mit Büchern wie *Glückssache. Die Kunst gut zu leben* (2001), *Selberdenken* (2002), *Nachgedacht* (2014) oder *Denkanstösse* (2021) und drei Romanen, darunter die provokante *Klugscheisser GmbH* (2006), verwirklichte sie ihren Lebenstraum von einer freien Schriftstellerin. Die Coronakrise unterbrach diese lebhafte Tätigkeit und fesselte sie, wie viele andere, an das Homeoffice. Ausgerechnet ein Fahrradunfall im Herbst 2023 schwächte die passionierte Radfahrerin erheblich. Dennoch dürfen wir uns Annemarie Pieper in ihren letzten zwanzig Jahren, nach der Sisyphosarbeit am akademischen Steilhang, als glücklichen Menschen vorstellen.

Aber inmitten all deiner Philosophie bleibe stets Mensch

Anlässlich des 80. Geburtstages von Jeanne Hersch 1990 begrüsste Annemarie Pieper ihre berühmte Genfer Kollegin mit den Worten: «Jeanne Hersch hat Philosophie nie bloss gelehrt, sondern zu ihrer eigenen Sache gemacht. Philosophie ist für Jeanne Hersch eine durch und durch menschliche Angelegenheit, und ihr Gegenstand sind die menschlichen Dinge.» Dasselbe darf man ohne Abstriche über Annemarie Pieper sagen. Sie hat die Praktische Philosophie, die Ethik, nie nur gelehrt, sondern sie zu ihrer eigenen Sache gemacht.

Der Kern ihres Nachdenkens waren die menschlichen Dinge Verantwortung, Glück, Gut und Böse, Existenz, Denken, Selberdenken und immer wieder die Freiheit als Geschenk und als Aufgabe. Sie wollte diese Themen auch unter die Menschen ausserhalb der Universität als Rednerin, Diskutantin, Essayistin und Schriftstellerin bringen. Annemarie Pieper war in alledem stets als Mensch spürbar. Sie war entschieden und anteilnehmend, voller Gewissenhaftigkeit und voller Humor, auf Distanz und in der Nähe. Als Professorin und freie Schriftstellerin hat sie die Philosophie gelehrt, indem sie diese immer wieder neu zu ihrer Sache gemacht hat.

Annemarie Pieper hat die Philosophie als akademisches Fach grundernst genommen. Seit ihrer Habilitation verstand sie die Ethik als eine autonome Wissenschaft mit einem eigenen Gegenstand, das moralische Sollen, und eigenen Methoden. Ethik als autonome wissenschaftliche Disziplin und ein ethisches Leben in Selbstbestimmtheit gingen für Annemarie Pieper Hand in Hand. Drei Dinge – die deskriptive Schärfe des analytischen Blicks auf die Moral, der transzendentalphilosophische Anspruch einer Letztbegründung der Ethik und die existenzielle Bürde einer freien, aber verantwortungsbewussten Existenz – bildeten in Annemarie Piepers Leben und Werk eine Einheit: Ein Seil aus drei Schnüren reisst nicht so schnell.

I Want to Ride my Bicycle

Die Frau auf dem Rad

Selber denken und bei sich selbst bleiben

Rainer Moritz

Wann ich Annemarie Pieper zum ersten Mal persönlich begegnet bin, weiss ich ganz genau. Auf ihren Namen war ich schon während meines Philosophiestudiums gestossen, denn wenn man damals Ethik zu seinem Schwerpunktthema machte, stiess man zwangsläufig auf sie, zum Beispiel auf ihre Studie *Pragmatische und ethische Normenbegründung*.

1989, nach vollbrachter Promotion, trat ich meine erste Arbeitsstelle an, als Lektor in der Tübinger Verlagsgruppe Narr – Stauffenburg – Francke. Veröffentlicht wurden dort Promotions- und Habilitationsschriften oder Tagungsbände, die es selten auf eine Auflage von mehr als 500 Exemplaren brachten, doch Verleger Gunter Narr hatte sich durch die Übernahme des renommierten, zuvor in Basel ansässigen A. Francke Verlags ein neues Standbein verschafft. Denn Francke war Mitglied der UTB-Verlagsgemeinschaft, wo jene auffälligen, roten Taschenbücher zu ganz unterschiedlichen Disziplinen erschienen. Diese verstanden sich oft als Einführungen und Handbücher und zielten auf ein grösseres Publikum. Das interessierte mich, und so begab ich mich auf die Suche nach Autorinnen und Autoren, die im Bereich der Sprach- und Literaturwissenschaft sowie der Philosophie geeignet sein könnten, gut lesbare Titel für eine breitere Klientel zu schreiben.

Dabei stiess ich auf Annemarie Piepers 1985 erschienenes Buch *Ethik und Moral. Eine Einführung in die praktische Philosophie*, das der Verlag, C. H. Beck, nicht neu auflegen wollte.

Kurzerhand schrieb ich der Autorin und schlug ihr eine überarbeitete Neuausgabe bei UTB vor. Sie zeigte Interesse, und Verleger Gunter Narr und ich machten uns – wohl im Frühjahr 1990 – auf den Weg zu ihrem Wohnort, ins schweizerische Rheinfelden. Bei Tee und Gebäck wurde nicht lange herumgeredet; wir vereinbarten eine Neuausgabe, die ein Jahr später nun mit dem Titel *Einführung in die Ethik* bei UTB-Francke erschien. Schönerweise glückte dieses Revival, und wer sich mit Ethik befasste, kam fortan um diese verständlich geschriebene Handreichung nicht herum. 2017 erreichte sie die siebte Auflage.

Schon damals in Rheinfelden imponierte mir Annemarie Pieper. Diese Frau, die mit Anfang dreissig habilitiert war und 1981 auf den Jaspers-Lehrstuhl in Basel berufen wurde, kam ohne Attitüde auf mich zu, mit einem erfrischenden Pragmatismus, der mit den Eitelkeiten des universitären Gewerbes nichts im Sinn hatte. Erst später erfuhr ich, welches Beharrungsvermögen sie an den Tag legen musste, um sich gegen dünkelhafte männliche Kollegen durchzusetzen, die glaubten, das Denken für sich gepachtet zu haben, und das Wort «Philosophin» für eine sprachliche Fehlschöpfung hielten.

Mit der ihr eigenen, nicht zur Larmoyanz neigenden Frische hat sie sich später an ihren Sonderstatus als einzige Frau unter männlichen Professoren, unter diesen «alten Fossilien», erinnert: «Fast alle Briefe waren an Herrn Prof. Annemarie Pieper gerichtet, und in sämtlichen Einladungsschreiben wurde ich aufgefordert, zum festlichen Anlass meine Gattin mitzubringen. Bezüglich der Kleiderordnung zum Dies academicus lautete die schriftliche Anweisung des Rektorats, die Professoren hätten Talar oder schwarzen Anzug und silberne Krawatte zu tragen. Meine Rückfrage, ob ich Krawatte durch eine Perlenkette ersetzen dürfte, wurde keiner Antwort für würdig befunden.»

Seit diesem Frühlingstag 1990 blieben Annemarie Pieper und ich in Kontakt, und so gelang ihr, was sonst keiner Autorin, keinem Autor gelang. Ehe ich 2005 die Leitung des Literaturhauses Hamburg übernahm, arbeitete ich für vier Verlage ganz unterschiedlichen Zuschnitts: für Narr/Francke, für Erich Schmidt in Berlin, für Reclam Leipzig und für Hoffmann und Campe in Hamburg. Und in allen diesen Häusern erschienen Bücher von Annemarie Pieper, die wir uns im regen Austausch ausgedacht hatten: bei Francke neben der *Einführung in die Ethik* die von ihr herausgegebene zweibändige *Geschichte der neueren Ethik*, bei Erich Schmidt die zusammen mit Urs Thurnherr verfasste Leseliste *Was sollen Philosophen lesen?*, bei Reclam *Selber denken. Anstiftung zum Philosophieren* und das von ihr herausgegebene Handbuch *Philosophische Disziplinen*. Und selbst für einen Publikumsverlag wie Hoffmann und Campe tüftelten wir eine Buchidee aus: 2001 erschien dort *Glückssache. Die Kunst, gut zu leben.*

Es war in allen Fällen angenehm unkompliziert, mir ihr zu arbeiten. Wenn sie ankündigte, im Mai des kommenden Jahres ihr Manuskript abzugeben, durfte ich sicher sein, dass das Manuskript pünktlich bei mir war. Ihre Beliebtheit bei den Studierenden kam mir immer wieder zu Ohren, und dies hatte wohl auch damit zu tun, dass sie weder Selbstgefälligkeit noch Unnahbarkeit ausstrahlte. Sie nahm sich selbst nicht wichtig und scheute sich nicht, zuzugeben, wenn ihr ein Text – etwa von Jacques Derrida – gänzlich unverständlich geblieben war.

Neben Kierkegaard galt ihr Interesse früh Albert Camus, den die akademische Philosophie seinerzeit nicht für satisfaktionsfähig hielt. Sie forschte zu Schelling und Nietzsche und legte, wenn sie publizierte, Wert darauf, dass sie klar formulierend ein breites Publikum erreichte. Sie kannte überdies keine Angst, sich neue Terrains zu erschliessen. Philosophisch sei sie «männlich sozialisiert» gewesen, sagte sie in einem Interview, sodass ihr die Lektüre von Judith Butler oder Luce Irigaray die Augen geöffnet habe. Ein Buch wie *Aufstand des stillgelegten Geschlechts. Einführung in die feministische Ethik* (1993) war Ergebnis dieser nie zum Dogmatismus neigenden Neuorientierung im Denken.

Sie lehrte gern und hatte gleichzeitig kein Problem, der Universität frühzeitig Adieu zu sagen. Als sie ihren sechzigsten Geburtstag im Basler Hotel Merian feierte, war es für sie beschlossene Sache, die Möglichkeit zu nutzen, mit dem Erreichen dieser Altersgrenze sich nach über dreissig Jahren von der Institution Universität zu verabschieden. Als ich sie fragte, ob dieser Schritt von Wehmut begleitet sei, verneinte sie lachend und verwies darauf, wie entsetzlich es sei, wenn sich ihre – männlichen – Kollegen auch mit weit über siebzig noch an ihr Dienstzimmer klammerten und sich vor Bedeutungsverlust fürchteten.

Sie hingegen genoss ihre neue Freiheit und verfolgte konsequent ihren Weg, die Philosophie unter die Leute zu bringen und dazu anzuregen, sich seines eigenen Verstandes zu bedienen. Sie hielt Vorträge an Volkshochschulen oder in Buchhandlungen, sie moderierte die *Sternstunde Philosophie* im Schweizer Fernsehen und war eine beliebte Gesprächspartnerin, wenn es galt, aktuellen gesellschaftlichen Fragestellungen auf den Grund zu gehen. 2020 zum Beispiel gab sie dem St. Galler Tagblatt ein ausführliches Interview zur Coronapandemie. Als einer Denkerin, für die der Begriff der Freiheit zentral war, gaben die durch die Pandemie hervorgerufenen Beschränkungen genug Stoff zum Nachdenken. Was das für die Menschen, wie sie sagte, als «selbstbestimmte und selbstverantwortliche Lebewesen» bedeute, beschäftigte sie sehr.

Sie forschte und publizierte im «Ruhestand» weiter und tat zudem, was für eine ehemalige Ordinaria höchst ungewöhnlich war: Sie veröffentlichte drei Romane, von denen der erste aparterweise den Titel *Die Klugscheisser GmbH* trug. Was ihre Kolleginnen und Kollegen davon hielten, war ihr recht gleichgültig. Sie gehörte nicht zu den Menschen, die ihr Denken und Tun ängstlich an den Einschätzungen anderer orientierten.

Durch meinen Wechsel ins Literaturhaus Hamburg blieb *Glückssache* das letzte Buch, das wir gemeinsam auf den Weg brachten. An unserer Verbindung änderte das nichts. Einmal, im November 2005, war sie Gast im Philosophischen Café des Literaturhauses. Wir tauschten unsere Bücher aus, und wenn ich ihr einen meiner Romane oder Sachbücher schickte, konnte ich sicher sein, dass eine ausführliche Antwort aus Rheinfelden, per E-Mail oder Postkarte, nicht lange auf sich warten liess. Langeweile kannte sie offenbar nicht, weil sie sich für vieles interessierte. Während der Corona-Lockdowns zog sie sich in ihren Keller zurück, um an einem grossen Puzzle zu arbeiten. Dort glückte, was im Leben oder in der Philosophie nicht immer glückt: «Das finde ich beruhigend, weil die Teile ja so konstruiert sind, dass sie ineinanderpassen.»

Annemarie Pieper war eine begeisterte Fahrradfahrerin. Jede Gelegenheit nutzte sie dazu, im Aargau oder auf ihrer Lieblingsinsel Sylt. Dort, in Westerland, besass sie eine Wohnung, und jedes Mal, wenn ich sie dort traf, schwärmte sie von ihren Radtouren und dem Inselwind, der ihr ins Gesicht blies. Einmal überredete sie mich, mit ihr zusammen auf dem Rad über die Insel zu fahren und im Kampener Café «Gogärtchen» einzukehren. Es war ein anstrengender Tag für mich, nicht weil der Gegenwind stark war, sondern weil der Sattel meines Leihfahrrads ständig nach unten rutschte. Annemarie Piepers Lachen über diesen ungünstigen Begleitumstand höre ich noch heute. Dass ausgerechnet sie an den Folgen eines Velounfalls sterben sollte, war bitterer Hohn.

Auf Sylt liess es sich Annemarie Pieper auch nicht nehmen, mir bei der Pflege meiner sonderbaren Nebeninteressen zu folgen. Wenn ich hin und wieder im Wenningstedter Kursaal einen akustisch untermalten Vortrag zur deutschen Schlagergeschichte hielt, konnte ich sicher sein, dass sie meiner Einladung folgte und mit dem Rad vorfuhr. Viele der alten Lieder waren ihr präsent, und über das vermeintlich Philosophische eines Schlagers wie *Die Zeit macht nur vor dem Teufel halt* lachten wir herzlich.

Ja, sie war eine Person, die bei allem Ernst, mit dem sie philosophische und gesellschaftliche Themen verhandelte, gerne lachte, über sich selbst, über die Anmassungen anderer und über die dem Leben selbst innewohnende Komik. Als der Schriftsteller und Schauspieler Joachim Meyerhoff 2015 *Ach, diese Lücke, diese entsetzliche Lücke* veröffentlichte, den dritten Teil seiner autobiografischen Romanserie *Alle Toten fliegen hoch*, war dessen Lektüre ein Hochgenuss für Annemarie Pieper. Denn Meyerhoff erzählt darin, wie er als Schauspielschüler nach München kommt und in Nymphenburg bei seinen Grosseltern unterschlüpfen darf: bei der Schauspielerin Inge Birkmann und dem Philosophieprofessor Hermann Krings. Bei Krings wurde Annemarie Pieper 1967 an der Universität des Saarlandes promoviert. Wie Joachim Meyerhoff in seinem Buch den nach strengen Ritualen organisierten und mit vielen alkoholischen Getränken angereicherten Haushalt Birkmann/Krings schilderte, begeisterte Annemarie Pieper aufs Höchste. Vieles an Hermann Krings hatte sein Enkel offensichtlich gut getroffen.

Was ich an ihr besonders schätzte? Vor allem ihre Geradlinigkeit, ihre Unverstelltheit, ihre Nahbarkeit und ihre Lust, den akademischen Turm immer wieder zu verlassen, um ihre Einsichten jenen zu vermitteln, denen der Begriff «Philosophie» Respekt oder gar Furcht einflösste. Sie verstand es, Menschen zu begleiten, die über das Grosse und das Ganze nachdenken wollten – ein sokratischer Urantrieb des Philosophierens. Vielleicht wurde deshalb ihr Buch *Selber denken. Anstiftung zum Philosophieren* zu einem ihrer erfolgreichsten. Sie analysiert darin klassische Texte der Philosophiegeschichte, bringt sie gewissermassen zum Sprechen – mit einem Ziel, das sie im Vorwort klar formuliert: «Man muss nicht akademischer Philosoph sein, um seine Urteilskraft zu schulen. Verstandesgaben und Erfahrung ermöglichen es jedem Menschen zu philosophieren.»

Velosophie

Die Philosophin Annemarie Pieper als Velosophin *avant la lettre*

Andreas Brenner

Auch «die längste Reise beginnt mit dem ersten Schritt», diese Weisheit Laotses gehört zu den die Zeit überdauernden Einsichten: Wer loslegen will, der muss loslegen, oder allgemeiner: Wer etwas tun will, muss beginnen, etwas zu tun. Nicht anders verhält es sich da beim Fahrradfahren: Wer Radfahren will, der muss es tun. So ergiebig Gedankenreisen auch sein mögen, Radreisen gelingen nur mit dem Rad; Radreisen beginnen aber nicht mit dem ersten Schritt, sondern mit dem ersten Tritt. Der Tritt in die Pedale bedeutet für Radfahrer Freiheit und Freiheit ist, wie die Philosophie lehrt, eine Herausforderung. Das Fahrrad ist ein Vehikel, das in besonderer Weise die Freiheit herausfordert und damit zu einem Akt von Freiheit wird.

Dass die Philosophin Annemarie Pieper eine passionierte Radfahrerin war, markiert mithin nicht nur eine weitere charmante Facette ihrer reichen Persönlichkeit, sondern geradezu auch eine professionelle Seite. Bevor wir dem Verhältnis von Philosophie und Radfahren näher nachgehen und den Versuch wagen, daraus eine Velosophie[1] zu entwickeln, fällt das Potenzial des Widerständigen beim Radfahren auf. Dies wird auch von den beiden Radrennfahrerinnen und Philosophinnen Ca-

1 Den Begriff «Velosoph» benutzt der Tour-de-France-Fahrer und Philosoph Guillaume Martin, ders. 2021, S. 31.

therine Womack und Pata Suyemoto betont. Womack und Suyemoto haben sich wie Annemarie Pieper mit feministischer Ethik beschäftigt und können aus velohistorischer Perspektive erläutern, dass das Fahrrad ein wichtiges Vehikel im Kampf um Emanzipation und Gleichstellung war.[2] Die genderspezifischen Schranken sind, wie die beiden Autorinnen aus eigener Erfahrung berichten können, jedoch nicht allein historisch, sondern wirken, vor allem im Profisport, bis heute. Frauen bekommen dies vor allem bei den Finanzen und der fehlenden Unterstützungsbereitschaft von Sponsoren zu spüren. Da Sponsoren Rendite sehen wollen, überrascht es nicht, dass sie weniger geneigt sind, einzelne Fahrerinnen zu unterstützen, denn Frauen fahren, wie Womack und Suyemoto zeigen, weniger aggressiv und sind mehr am Team- als am Einzelerfolg interessiert. Es ist mithin eine besondere Form der Tugendethik, die als «Ethik der Anteilnahme»[3] auf Beziehung und damit die geteilte und gelebte Gemeinschaft baut. Und nach diesem Ansatz ist es unerheblich, ob man auf Hochgeschwindigkeitsfahrten oder auf das Fahren im Normaltempo eines Wochenendausflugs fokussiert: Wenn man mit anderen unterwegs ist, also miteinander statt gegeneinander fährt, gelingt das Radfahren am besten. Wenn man solche Werte anerkennt, rücken auch Normalfahrten aus dem Schatten ins Scheinwerferlicht und es wird klar, dass es nicht auf Spitzenleistungen ankommt und dass auch das Normale Spitze sein kann. Die Tour de France oder die Tour de Suisse sind dann nämlich nicht besser als die Veranstaltungen des «Bostoner Radfahrerverbandes für normale Leute» (oder eine vergleichbare Veranstaltung in Rheinfelden): Nicht das einsame Schuften und Sich-Aufreiben im Spitzenfeld ist dann von Interesse, als vielmehr «die Entwick-

2 Womack/Suyemoto 2017, S. 73.

3 Ebd., S. 77.

lung von Beziehungen» und für die sind die Pausen beim Fahren ebenso wichtig wie das Fahren selbst; das miteinander Reden ist nicht weniger wert als das Schweigen.[4]

Dieser Betrachtung könnte man auch eine ethische Dimension abgewinnen: Entsprechend deuten die Fahrerinnen Womack und Suyemoto die Anstrengungen der Frauenteams aus der Perspektive der an Carol Gilligan orientierten feministischen Ethik als Ausdruck der Fürsorge. Anders Pieper, die sich fragt, ob Gilligans Fürsorgeposition ein angemessener Beschreibungsansatz für das Verhalten von Frauen sein könne. Konkret mutmasst Pieper, dass «das Fürsorgeprinzip sich einem Rollenklischee verdanke, das letzten Endes nicht die autonome Frau, sondern den Herrschaftswillen des Mannes zu seiner Voraussetzung hat».[5] Pieper widersteht auch hier der Versuchung, vorschnell auf einen modischen Zug aufzuspringen, der letztlich in die falsche Richtung fährt. Lieber fragt sie weiter und entdeckt mit dem für ihr Philosophieren so wichtigen Albert Camus, dem sie bereits zehn Jahre zuvor eine Monografie gewidmet hatte,[6] einen anderen Zugang. Statt mit ideologischen Versatzstücken zu operieren, unterzieht sie den Bereich des Lebens einer Analyse, in dem sich die Probleme, um deren Verständnis hier gerungen wird, abspielen, und das ist der Alltag.[7] Es ist der Lebensbereich, dem sie zwanzig Jahre später eine eigenständige Würdigung zukommen lassen wird.[8] Mit dem Alltag rückt velosophisch dann auch das Normalfahren in den Fokus. Denn nur die Wenigsten sind Renn- oder Zeitfahrer und die meisten fahren Fahrrad einfach so. Allerdings zeigt bereits die minimale philosophische Analyse, dass niemand *einfach so* etwas tut, es gibt immer einen Grund, und sei es der, keinen besonderen Grund verfolgen zu wollen.

Was das Normalfahren vom Rennfahren unterscheidet, ist das Verhältnis zur Zeit. Das Rennfahren ist auf das eine Ziel einer möglichst guten Platzierung fokussiert, dem alle anderen

Ziele untergeordnet werden. Dadurch bekommt der Faktor Zeit eine negative Bedeutung und dies im wörtlichen Sinne: Je weniger man davon – zur Erreichung des Ziels – verbraucht hat, umso besser. Die Zeit wird dadurch, ähnlich wie bei der Ökonomie, zum Gegner; da gilt ja auch: «Zeitverlust schmälert den Gewinn»,[9] kostet also Zeit, weswegen es darum geht, Zeit zu vernichten. Demgegenüber erweisen sich die Spazierfahrten als deutlich reicher. Gerade weil es anders als bei den Zeitfahrten nicht um das eine Ziel geht, haben Spazierfahrer mehr Zeit, Zeit zum Schauen, zum Verweilen und Verschnaufen, Zeit zum Reden[10] und Zeit zum Nachdenken. Kurz: Mit und auf dem Fahrrad wiederbelebt sich eine Lebensform, die, in der Welt der Kultur einst hochverehrt, mittlerweile als ausgestorben gilt, die des Flaneurs. Auf dem Velosattel erlebt diese Form eine Renaissance, sind doch Radfahrer die neuen Flaneure.[11] Auch hier zeigt das Radfahren eine philosophische Dimension, die der Beobachtung *der* und des Verständnisses *von der* Welt. Auf diesem Erkenntnisweg er*fährt* man nicht zuletzt sich selbst. Das Potenzial zur Selbsterkenntnis kommt dem Fahrrad bis heute zu. Wer Rad fährt und nicht einfach mit dem Rad auf ein Ziel hin hastet, der will nicht die Zeit überwinden. Damit wird Radfahren existenziell, denn: «In-der-Zeit-Sein heisst für den Menschen also: Sinn zu verwirklichen.»[12] Vor diesem Hintergrund kann man den Boom, den das Fahrrad in Nordamerika und in Mittel- und Westeuropa erlebt, mit Staunen zur Kenntnis nehmen. Dieser Boom wäre noch vor einer Generation kaum zu erwarten gewesen, galten Fahrräder doch als Ausdruck der Gegenkultur[13] und umgab Radfahrer bis vor Kurzem noch etwas Freakiges, das sie in die Nähe eines Thoreau brachte.[14] Mit diesem Flair ist es unter den Bedingungen des Radfahrens als Massenphänomen vorbei und man kann sich fragen, ob all die vielen Radfahrer denn wirklich Sinnrealisierer auf zwei Rädern sind.

Leicht anarchisch bleibt indes das Fahren ausschliesslich aus Eigenkraft. Da der Trend zum E-Bike bald auch die Rennbranche erfassen wird,[15] bietet das echte Radfahren, also das ohne Strom und Batterie, seinen Verfechtern wieder die Chance zum Widerständigen. Und damit kann das Radfahren auch seine philosophische Seite behalten und Menschen mit philosophischen Ambitionen werden sich weiterhin in den Sattel schwingen. Dass es immer Menschen geben wird, die sich lieber aus eigener Kraft dem Gegenwind aussetzen, als sich leise summend durch die Welt tragen zu lassen, lässt sich mit dem Begriff der Authentizität erklären. Wie natürlich alles, so läuft zwar auch der Begriff der Authentizität Gefahr, zur reinen Mode zu verkommen, streben doch die massenkulturell auf Gleichförmigkeit Getrimmten bei gleichzeitigem individuellem Differenzierungsbedürfnis danach, ganz besonders einmalig zu sein.[16] Gerade das wahrhaftige, also das authentische Radfahren jedoch, also jenes aus eigener Muskel- und Seelenkraft, das weder pharmakologisch noch elektronisch gedopt ist,[17] bietet die Chance zum Selbsterleben. Wie andere wahrhaftigen Beschäftigungen rührt es sowohl an die Quellen des Selbst, als es auch diese erst erfahrbar macht,[18] beispielsweise als Quell der Freude.[19] So gerne man aber auch die Freude hat, so ist sie doch längst nicht das Wichtigste und auch nicht das Entscheidende für ein authentisches Leben. Und dies gilt sogar für das Glück, welches doch als gehaltvoller gilt als die Freude. Auch hier werden wir ohne Denken nicht allzu weit kommen. Pieper, die sechs Glücksformen unterscheidet, weist darauf hin, dass es gilt, «klug abzuwägen, wie viel Glück von welcher Sorte einem nicht nur angenehm scheint, sondern zuträglich ist».[20]

Wichtiger als die Fülle als positiv bewerteter Erfahrungen ist die Entscheidung zu einem eigenen Lebensentwurf, der dann auch durchaus mit Mühsal und Anstrengung verbunden sein kann.[21] Mit dem Fahrrad beispielsweise durch kühlen

Graupelschauer zu fahren, macht selten Freude und kann dennoch als sinnstiftend und damit vielleicht sogar als Glück empfunden werden.[22] Damit zeigt sich erneut, dass Radfahren unvollständig begriffen wird, wenn es nur mit Blick auf das Ankommen interpretiert wird. Um vom Tour Eiffel zum Jardin du Luxembourg zu kommen, bietet die Metro immer noch die schnellste Möglichkeit. Wenn es aber nicht allein um das Ziel und das Ankommen geht, wird die halbstündige Fahrt mit dem Rad nicht länger als absurd gelten.[23] Und auch hier zeigt sich, dass die Spazierfahrt der radfahrenden Stadtflaneure der Raserei der Profirennfahrer sinnmässig überlegen ist. Hat das Zeitfahren lediglich den Sinn, möglichst früh über die Ziellinie zu kommen, und ist dabei angetrieben von der Vorfreude auf die dann erlebte Freude, so erleben die Flaneure schon auf dem Weg viele Freuden: Zunächst geht es der Seine entlang, links fällt der Blick auf die alten Hausboote, bald taucht schon die Ile de la Cité auf und dahinter erhebt sich die Notre Dame, bevor man dann über den Boulevard St. Michel ins philosophieträchtige Quartier St. Germain einbiegt. Mit der Metro unter der Stadt hin zu rasen, lässt diese Orte und Wegmarken nur erahnen, ohne sie im Mindesten erlebbar zu machen.[24]

Wichtiger als diese Erfahrungen ist aber die Selbsterfahrung, zu der das Fahrrad uns gleichfalls verhelfen kann. Wenngleich das Radfahren, worauf wir noch kommen werden, zum Denken verhelfen kann, so ist eine Erkenntnis des Radfahrens doch die, dass ich mehr bin als meine Gedanken.[25] Die «existentialistische Revolte», von der der Radrennfahrer Hibbard spricht,[26] richtet sich gegen die cartesische Subjektspaltung, welche sich bei körperlicher Anstrengung im Allgemeinen und beim Radfahren im Besonderen als untauglicher Ansatz zur Beschreibung des Menschen erweist. Die Abwendung vom Cartesianismus und die Hinwendung zum Existenzialismus und zur Phänomenologie drängen sich darum geradezu auf, wenn man sich auf den Sattel setzt und lostritt. Das *Gnothi seauton* verbirgt sich dann nicht länger in einem schwer zu entschlüsselnden Orakelspruch, sondern drängt sich in nicht zu leugnender und nicht zu verdrängender Klarheit auf.[27] Wie die Philosophie strebt auch das Radfahren nach Erkenntnis und nach Wahrheit. Wie die Philosophie will auch es sich mit Halb- oder Scheinwahrheiten nicht zufrieden geben. Halbwahre Philosophie ist keine Philosophie, und ebenso gilt: Unwahres Radfahren – beispielsweise gedoptes oder sonstig unfaires Verhalten – bringt einen zwar auf dem Weg voran, scheitert aber vor dem Gerichtshof des eigenen Gewissens.[28] Die Selbsterkenntnis, welche das Radfahren einem vermitteln kann, ist die Erkenntnis des eigenen Muts; Mut, nicht im Sinne eines Risiko- oder Wagemuts, sondern im Sinne der Courage, sich selbst nicht aufzugeben.[29] Philosophisch gewendet ist dies die Courage, der eigenen Überzeugung treu zu bleiben und der Wahrheitssuche aufrichtig und unangepasst zu folgen.

Professionelles Radfahren und akademisch betriebene Philosophie stehen bekanntlich unter grossem Erwartungsdruck, sich in der einen oder anderen Weise anzupassen. Wenn es einen Grund gibt, diesem Druck zu widerstehen, so ist dies das Verlangen nach Sinn. Annemarie Pieper versteht Sisyphos in der Nachdichtung Camus' als den Archetyp des Widerständigen, in dem Sinn und Glück zusammen gehen.[30] Damit ist auf die Freiheit und auf den Beginn des Radfahrens verwiesen: «Der erste Tritt in die Pedale ist der Beginn einer neuen Autonomie [...] die spürbare Freiheit.»[31] Da Sinn und Freiheit einander bedingen, besteht «die dem Menschen mögliche Freiheit [...] darin, der determinierenden Macht des Absurden ihre Rechtmässigkeit zu bestreiten».[32] Man sieht: Sowohl Radfahren als auch Philosophie bedürfen der Weisheit, die eigene Situation und die eigenen Möglichkeiten klug einzuschätzen, was einen weder dazu verleiten darf, sich zu unter-

noch sich zu überschätzen.[33] Widerständig ist solche Leistung allemal, entweder der eigenen Bequemlichkeit gegenüber oder der fremden Erwartung. Das Radfahren kann diesbezüglich der Philosophie helfen, bringt doch das In-die-Pedale-Treten die Gedanken in Gang. Dieser Gedanke ist natürlich älter als die Erfindung des Fahrrades, haben doch bereits die Peripatetiker um den geistzündenden Effekt der Bewegung gewusst. Nun muss man nicht das eine gegen das andere ausspielen; dass einen aber das Radfahren auf Gedanken bringt, das wird von denen, die es tun, immer wieder erlebt und auch beschrieben. Die «Tätigkeit des Denkens»[34] läuft aber auch beim Radfahren nicht von alleine. Pieper, die nicht müde wird, vor Fallstricken zu warnen, zitiert in diesem Zusammenhang Nietzsches Warnung vor dem «Bretterwerk der Begriffe».[35] Was an solcher Verbretterung hinderlich ist, das ist die mit ihr einhergehende Erstarrung. Starrheit ist aber das Gegenteil von Bewegtheit und nur die bringt den Menschen nicht nur voran, sondern auch zu sich. Denn der Mensch ist, wie Annemarie Pieper schreibt, «ein mobiles Wesen»,[36] weswegen ihm die Mobilität gut ansteht. Mobil sind wir, wenn wir nicht an einmal liebgewonnenen Positionen festhalten und beispielsweise selber denken oder wenn wir spazieren gehen oder ein Instrument spielen oder eben Radfahren. Auch in Nietzsches Zarathustra spielt das Rad als Bewegungsding eine herausragende Rolle; in der Deutung von Annemarie Pieper herrscht da, wo ein Rad ist, «Freiraum» und mithin das Gegenteil von «Zwängen».[37] Auch für die philosophierenden Profifahrer ist Nietzsche eine wichtige Referenz. Da spielt Nietzsches Heroisierung des Leidens ebenso eine Rolle wie seine Visionen, über sich hinauszuwachsen.[38]

Die Gedanken, die bei all dem – also auch beim Denken selbst – in Gang kommen, verweisen auf den ganzen Menschen und das heisst, auch auf des Menschen Leiblichkeit. Die

Beschreibung des Radfahrens kann mithin viel von der Phänomenologie lernen und mit dem durch die Leibphänomenologie wiedererinnerten Leib-Bewusstsein die anspruchsvolle Tätigkeit des Radfahrens verständlich werden lassen. Auch die anspruchsvolle Technik des Radfahrens lernt man am ehesten als Kind, dann also, wenn der Gleichgewichtssinn schon entwickelt ist, das Gehirn schon über genügend Plastizität und noch ausreichende Entwicklungsmöglichkeiten verfügt und zusätzlich sich noch keine Ängste lähmend ausgebreitet haben. Dann kann sich das «implizite Wissen» entfalten, das hilft, ohne sich explizit Gedanken machen zu müssen, auf all die vielen Herausforderungen angemessen reagieren zu können.[39] Radfahren will gelernt sein und Rad zu fahren lernt sich nur schwer, weil es des komplexen Vorgangs der Einleibung bedarf, wie sie in der Leibphänomenologie beschrieben wurde.[40] Wenn man diese anspruchsvolle Aufgabe meistert, hat man nicht nur etwas für das Leben gelernt, sondern auch eine reiche Selbsterfahrung gemacht, die einen stärkt und auch widerständig macht gegenüber den Zerstreuungen, wie sie die digitale Welt zur Folge haben. Aus existenzialistischer und phänomenologischer Sicht geht es also darum, sich zu bewahren, also, sich nicht zu verlieren. Nicht nur beim Radfahren gilt, dass der, der sich verliert, den Sturz riskiert.[41] Die permanente Gefahr eines Sturzes darf dennoch nicht zur permanenten Sorge werden. Wer dauernd Angst vor einem Sturz, sogar vor einem tödlichen hätte, der wäre fürs Radfahren völlig ungeeignet.

Im Jahr 2024 sind zwei bekannte Schweizer Radfahrerinnen an den Folgen eines Sturzes gestorben: die 18-jährige Profifahrerin Muriel Furrer[42] und die 83-jährige Amateurfahrerin Annemarie Pieper.

Die praktische Philosophin Pieper hat sich mit der Gänze des Lebens beschäftigt und dies in allen seinen Vorkommnissen zu verstehen versucht, um es wiederum ihren Lesern verständlich machen zu können. Daher war der Tod selbstverständlich ebenfalls ein Thema ihrer Forschung. Dabei suchte sie immer wieder, wie, gerade in der modernen Gesellschaft mit ihren technischen (und das heisst auch, aber nicht nur, mit ihren medizintechnischen) Möglichkeiten, Menschen «einen würdigen Tod sterben können». Ein würdiger Tod, das bedeutete für Annemarie Pieper vor allem ein Sterben in Autonomie.[43] Aber selbst wenn diese Bedingung gegeben ist, sind Sterben und Tod noch nicht zwangsläufig gut. Richtet sich die Autonomieforderung in erster Linie an die anderen, die durch paternalistische Entscheidungen die eigene Autonomie nicht einschränken oder gar nehmen sollten, so kann auch der Sterbende etwas dafür tun, dass das Sterben gelingt und mit einem guten Tod endet. Vor dem Hintergrund von Nietzsches Zarathustra zeichnet Pieper das Bild vom «Tanz mit dem Tod». Ein solcher Totentanz bietet die Chance, auch auf den letzten Metern des Lebensweges die Freiheit zu bewahren. Eine Bedingung der Freiheit ist dabei, den Realitätssinn zu bewahren: Wer den Tod zum Tanz auffordert, muss sich klar sein, dass er «nicht unbedingt am längeren Hebel» sitzt, «denn den Tod kann man nicht töten».[44] Das ist aber auch nicht Absicht des Totentanzes, stattdessen geht es um das Bei-Sich-Bleiben. Ausgerechnet das gelingt häufig am besten mit etwas Abstand. Eine gute Weise, Abstand zu wahren, ist der «Humor».[45] Philosophie scheint die Kulturtechnik zu sein, die auf Abstand aus ist, weil sie erkannt hat, dass man nur aus dem Abstand heraus erkennen kann. Der Tour-de-France-Fahrer und Philosoph Guillaume Martin sieht im Abstand die Chance zur Selbsterkenntnis.[46]

Da sich im Leben und im Sterben zu guter Letzt alles um die Frage dreht, was hier geglückt heisst, liegt es nahe, Rat in der Philosophie zu suchen. Von der Philosophin Annemarie Pieper lässt sich lernen, dass in der Philosophiegeschichte zahlreiche spannende Rohlinge zu finden sind. Um daraus das «Hufeisen der Lebensform, in welcher (man) glücklich»[47] wird, zu machen, ist man jedoch selbst gefragt: Man muss klug auswählen, was für einen passt.[48] Und dabei muss man auch wissen, dass nichts einfach so passt. Anstrengendes Herumfeilen ist in jedem Falle vonnöten, nicht selten ist damit das ganze Leben ausgefüllt. Mit Albert Camus und Annemarie Pieper lässt sich bei dieser Aufgabe an den Sisyphosmythos denken.

Bibliografie

Augé, Marc: Lob des Fahrrads. München 2017.

Austin, Michael W.: «Aus den Schuhen auf den Sattel», in: Ilundáin-Agurruza, Jesús/Austin, Michael W./Reichenbach, Peter (Hg.): Die Philosophie des Radfahrens, Hamburg 2017, S. 125–136.

Farin, Tim: 101 Dinge, die ein Radfahrer wissen muss. München 2022.

Fritzsche, Daniel: «Der Unfalltod muss Folgen haben», Neue Zürcher Zeitung, 3. Oktober 2024, S. 21.

Glaser, Meredith: «Die Veloprofessorin fordert ein Umdenken», Neue Zürcher Zeitung, 3. Dezember 2024, S. 23.

Haraldsson, Robert H.: «Philosophische Lektionen vom Radfahren in der Stadt und auf dem Land», in: Ilundáin-Agurruza, Jesús/Austin, Michael W./Reichenbach, Peter (Hg.): Die Philosophie des Radfahrens, Hamburg 2017, S. 31–44.

Hibbard, James: Die Kunst des Radfahrens. Über das Leben auf zwei Rädern und die Philosophie. Hamburg 2023.

Ilundáin-Agurruza, Jesús/Austin, Michael W./Reichenbach, Peter (Hg.): Die Philosophie des Radfahrens. Hamburg 2017.

Larsen, Steen Nepper: «Radfahrer werden. Phänomenologische Betrachtungen übers Radfahren», in: Ilundáin-Agurruza, Jesús/Austin, Michael W./Reichenbach, Peter (Hg.): Die Philosophie des Radfahrens, Hamburg 2017, S. 45–58.

Martin, Guillaume: Sokrates auf dem Rennrad. Eine Tour de France der Philosophen. Bielefeld 2021.

Nietzsche, Friedrich: Über Wahrheit und Lüge im aussermoralischen Sinne. KSA, Bd. 1, Berlin 1980.

Nietzsche, Friedrich: Also sprach Zarathustra. KSA, Bd. 4, Berlin 1980.

Pieper, Annemarie: Albert Camus. München 1984.

Pieper, Annemarie: «Ein Seil geknüpft zwischen Tier und Übermensch» Philosophische Erläuterungen zu Nietzsches erstem «Zarathustra». Stuttgart 1990.

Pieper, Annemarie: Aufstand des stillgelegten Geschlechts. Freiburg 1993.

Pieper, Annemarie: Selber denken. Anstiftung zum Philosophieren. Leipzig 1997.

Pieper, Annemarie: Glückssache. Die Kunst gut zu leben. Hamburg 2001.

Pieper, Annemarie: Nachgedacht. Philosophische Streifzüge durch unseren Alltag. Basel 2014.

Pieper, Annemarie: Denkanstösse. Zu unseren Sinnfragen. Basel 2021.

Reckwitz, Andreas: Die Gesellschaft der Singularitäten. Zum Strukturwandel der Moderne. Berlin 2017.

Reid, Heather L.: «Mein Leben als Philosophin auf zwei Rädern», in: Ilundáin-Agurruza, Jesús/Austin, Michael W./Reichenbach, Peter (Hg.): Die Philosophie des Radfahrens, Hamburg 2017, S. 111–124.

Sachs, Oliver: On the Move. Mein Leben. Reinbek 2015.

Schmitz, Hermann: Der unerschöpfliche Gegenstand. Bonn 1990.

Taylor, Charles: Quellen des Selbst. Die Entstehung der neuzeitlichen Identität. Frankfurt/M. 1996.

Twain, Mark: «Taming the Bicycle», in: ders.: Collected Tales, Sketches, Speeches & Essays. New York 1992, S. 892–899.

Womack, Catherine A./Suyemoto, Pata: «Rad Fahren wie ein Mädchen», in: Ilundáin-Agurruza, Jesús/Austin, Michael W./Reichenbach, Peter (Hg.): Die Philosophie des Radfahrens, Hamburg 2017, S. 73–88.

Politik

Krieg und Menschenrechte im Fokus einer Ethik der Zeitzeugenschaft

Monika Hofmann-Riedinger

Für Annemarie Pieper

«Angst ist das Gespenst der Gegenwart und Symptom einer Gesellschaft, die vor lauter Krisen die Zuversicht verloren hat», – so und ähnlich lauten Schlagzeilen unserer Feuilletons. Vor allem die Angst vor Kriegen und politischen Krisen gefährdet die psychische Gesundheit von Erwachsenen und Jugendlichen in allen Ländern Europas. Diese Angst wird durch Bilder und Nachrichten hervorgerufen, die uns nahezu täglich erreichen und Gefühle der Hilflosigkeit und Ohnmacht in uns auslösen, weil sie Geschehnisse betreffen, die wir nicht im Geringsten beeinflussen können. Wir sehen Menschen leiden, denen wir nie begegnen werden, deren Sprache wir nicht sprechen und für deren Schicksal wir keinerlei Verantwortung tragen.

Wie sollen wir leben, wenn die Folgen von Kriegen und Krisen die Reichweite unseres je eigenen Wirkens in solchem Ausmass übersteigen? Wie können wir unser Handeln verantwortungsvoll gestalten, wenn es angesichts der Not und Bedrohung doch scheinbar kaum einen Unterschied machen kann?

Aus Gründen des Selbstschutzes und der psychischen Gesundheit wird uns vielfach empfohlen, Abstand von den verstörenden Eindrücken zu nehmen und uns auf das zu besinnen, was wir verarbeiten und verändern können. Wir sollen uns nicht in der Auseinandersetzung mit fernen Konflikten überfordern, sondern innerhalb der Grenzen unserer Handlungsfähigkeit Erfahrungen von Selbstwirksamkeit suchen und dadurch dem Gefühl der Ohnmacht entgegentreten.

Eine andere Antwort gründet in der Hoffnung, dass wir die Bilder und Nachrichten von Krisenherden nicht ausblenden müssen, sondern einordnen und verarbeiten können. Hierbei sind wir allerdings auf Orientierung angewiesen, die uns hilft, über das Zeitgeschehen zu reflektieren und am Diskurs darüber teilzunehmen. Diese Orientierung finden wir in den verschiedensten Bereichen wie etwa der politischen Bildung, der Konflikt- und Friedensforschung, der historischen Aufarbeitung und zeitgeschichtlichen Analyse. Wir finden sie aber auch in den Erläuterungen von Philosophinnen und Philosophen, die zu aktuellen Zeitfragen Stellung nehmen. Annemarie Pieper war, so wird zu zeigen sein, eine Philosophin, die Orientierung zu geben vermochte. Der folgende Beitrag versteht sich als Würdigung ihres Werkes und Wirkens in folgendem Sinn:

Inhaltlich konzentrieren sich die vorliegenden Ausführungen auf ein Thema, das auch von Annemarie Pieper behandelt wurde: auf das Thema «Krieg und Menschenrechte». Fachlich ordnen sie sich der philosophischen Ethik zu und stellen sich in die Forschungstradition Piepers, innerhalb derer sie versuchen, folgende Fragen zu klären: die moralische Frage, wie wir angesichts der Kriege unserer Zeit verantwortungsvoll leben können, obwohl unser Handeln kaum einen Einfluss auf das Geschehen hat, sowie die ethischen Fragen, ob der Geltungsanspruch der Menschenrechte auch im Krieg besteht und auf welche Weise er begründet werden kann. In der Beantwortung dieser Fragen soll ein besonderer Blickwinkel thematisiert werden, der in der philosophischen Ethik bislang nicht systematisch verortet ist. Es ist der Blickwinkel von Zeitzeuginnen auf das Thema «Krieg und Menschenrechte». So wird zunächst der Begriff der «Zeugenschaft» semantisch analysiert und in vier Formen ausdifferenziert, die unsere Gegenwart kennzeichnen. Dabei stehen die Zeugnisse der unmittelbar vom Kriegsgeschehen betroffenen Menschen im Mittelpunkt unserer Ausführungen. Anschliessend wird zu zeigen sein, in welcher Weise die ethische Forschung Annemarie Piepers Krieg und Menschenrechte in den Blick nimmt. Somit bezieht sich der Titel unseres Beitrags sowohl auf die ethischen Untersuchungen Piepers wie auf aktuelle Formen von Zeitzeugenschaft in den Kriegen und Krisen unserer Zeit.

Es soll nun zunächst der begriffliche Rahmen unserer Überlegungen skizziert und die Bedeutung des Wortes «Zeugenschaft» analysiert werden.

Zeugenschaft

Der Begriff der Zeugenschaft zeichnet sich durch eine ähnliche semantische Struktur wie derjenige der Verantwortung aus. Ein einzelner Mensch übernimmt die Bürgschaft für seine «Antwort» gegenüber einer Instanz. Das Zeugnis rechtfertigt jedoch nicht das eigene Handeln, sondern konstatiert einen Sachverhalt, den die Zeugin gerade nicht selbst verursacht hat. Der Zugang zum Sachverhalt erweist sich dabei als eminent epistemischer, indem das Zeugnis ein Wissen zum Ausdruck bringt, das Tatsachen betrifft. Sein Geltungsanspruch ist Wahrheit und im paradigmatischen Fall der Zeugenaussage vor Gericht «nichts als die Wahrheit». Ein Zeugnis ist semantisch und performativ gelungen, wenn es eine wahre Aussage über einen Sachverhalt zum Ausdruck bringt. Da es jedoch immer die Übersetzung einer persönlichen Wahrnehmung in eine öffentliche Aussage darstellt, ist das Zeugnis in höherem Masse fallibel als Indizien, Beweise oder Spuren, die direkt auf das Ereignis verweisen. Um seine mangelnde Evidenz auszugleichen, ist der Wahrheitsanspruch des Zeugnisses deshalb an einen Geltungsanspruch gebunden, der selbst nicht epistemisch ist. Es ist dies der Anspruch, der an die Person der Zeugin ergeht, dass diese wahrhaftig sein soll. Die Zeugin übernimmt die Verantwortung für ihr Zeugnis, indem sie für seine Wahrheit bürgt und bereit ist, dafür zur Rechenschaft gezogen zu werden. So ist die Wahrheit des Zeugnisses an das Ethos der Person gebunden, die sagt, was war und was wahr ist. In dieser wesentlichen Hinsicht muss epistemische Kompetenz als notwendige Bedingung für Zeugenschaft durch die autoritas testis ergänzt werden, die Kant folgendermassen qualifiziert: «Autoritas testis ist die Glaubwürdigkeit des Zeugnisses, so weit sie aus der moralischen Beschaffenheit des Zeugen kann erkannt werden. Er muss keinen Nutzen erwarten von dem, was er zeugt. Er muss einen Abscheu vor die Lügen haben.»[1] Die Wahrhaftigkeit eines Menschen entscheidet über die Glaubwürdigkeit seines Zeugnisses.

Dieser Anspruch der Wahrhaftigkeit jedoch kann seinerseits nicht diskursiv eingelöst, sondern muss durch die Instanz zugesprochen werden, vor der das Zeugnis abgelegt wird. Erst diese Instanz ermächtigt die Zeugin und verleiht ihr die Autorität, etwas zu bezeugen. Eine Zeugenaussage ist kein einsamer Monolog, sondern setzt prinzipiell ein Forum voraus, dessen Erwartungen und Fragen die Gestalt und den Gehalt der Zeugenaussage mitbestimmen. Damit ist diese nicht nur ein Sprechakt, sondern zugleich ein Hörakt: Ein Zeuge wird angehört oder verhört von einer Instanz, die grundsätzlich bereit ist, seinem Zeugnis zu glauben und seiner Bürgschaft für dessen Wahrheit zu vertrauen.

---

1 Kant AAXVI, S. 504.

Die Zeugin, das Zeugnis und die Instanz bilden mithin die semantische Struktur von Zeugenschaft.

Vier Formen von Zeugenschaft in Kriegs- und Krisenzeiten

In diesem Sinn ist auch jede mögliche Form von Zeitzeugenschaft durch folgende Merkmale gekennzeichnet: durch den Wahrheitsanspruch des Zeugnisses, die epistemische Kompetenz und Wahrhaftigkeit der Zeugin sowie ihre Anerkennung durch einen Adressaten.

Der Zeitzeuge gilt als eine Erscheinung des zwanzigsten Jahrhunderts. Die persönliche Erinnerung der Überlebenden des Holocaust auf der einen Seite und die Verankerung der Oral History in der Mediengesellschaft auf der anderen Seite prägen in den Jahrzehnten nach dem Zweiten Weltkrieg die historische Forschung und pädagogische Vermittlung von Zeitgeschichte. Als implizite Zeitzeugen kommen prinzipiell alle Menschen infrage, die Erinnerungen mit einem Ereignis, einer historischen Phase oder einem politischen System verbinden. Explizit als Zeitzeuginnen anerkannt werden hingegen nur diejenigen, die in einem bestimmten Diskurszusammenhang öffentlich auftreten und aufgrund ihrer Präsentation als Autorität anerkannt werden.

Im Folgenden sollen vier Ausprägungen von Zeugenschaft unterschieden werden, die in unserer Zeit der Kriege und Krisen von Bedeutung sind.[2]

Die juridische Form verankert Zeitzeugenschaft in der Rechtsordnung, in der es um die Feststellung von Schuld und

2 Meine Typologie erhebt keinen Anspruch auf Vollständigkeit. Sie lehnt sich an die Ausführungen von Assmann 2008 an.

Unschuld geht. Das Zeugnis im Gerichtsprozess hat zu allen Zeiten die Funktion, in einem sozialen System Gerechtigkeit wiederherzustellen. In Friedenszeiten ist die Gerichtszeugin idealerweise eine unbeteiligte Beobachterin, die nicht selbst in das Geflecht von Schuld und Unschuld verwickelt ist, sondern lediglich einen Sachverhalt wiedergibt, von dem sie in ausgezeichneter Weise Kenntnis hat, und für dessen Bestehen sie mit ihrer Aussage bürgt. In Kriegszeiten und Post-Konflikt-Gesellschaften, in Wahrheitskommissionen, in Prozessen über Menschenrechtsverletzungen, aber auch in Video- und Audiodokumenten Einzelner, die politisches Unrecht festhalten, sind die Zeitzeugen jedoch oft gerade nicht unbeteiligt, sondern treten als Opfer in den Zeugenstand. Ihre Autorität gründet gerade nicht in Neutralität und Objektivität, mit der sie wahrheitsfähige Aussagen treffen, sondern in ihrer existenziellen Erschütterung, mit der sie das Erlittene bezeugen. Als körperlich und seelisch vom Unrechtsgeschehen gezeichnete Zeitzeugin vor Gericht aufzutreten, erfordert nicht nur Wahrhaftigkeit, sondern menschliche Grösse und Mut.

Die dokumentierende Form der Zeitzeugenschaft kennzeichnet Zeitzeuginnen, die das Geschehen dokumentieren und verarbeiten. Historiker und Journalistinnen erfüllen die Rolle von Zeugen, die der Öffentlichkeit einen möglichst objektiven Blick auf die Geschehnisse zu vermitteln suchen. Der Kodex der Journalistinnen stellt Wahrheitssuche und Unparteilichkeit in den Mittelpunkt. Doch trotz dieses klaren Ethos müssen Journalisten in Kriegs- und Krisenzeiten die Geltungsansprüche ihrer Zeugenschaft oft unter Repressionen erfüllen und sind allzu häufig genau dadurch einem hohen Risiko politischer Verfolgung ausgesetzt, die zu unterbinden sucht, dass Sachverhalte aufgedeckt werden und zur Sprache kommen.[3]

3 Unesco, 02.11.2024.

Die moralische Zeitzeugenschaft besteht in Stellungnahmen der Menschen, die Opfer von Krieg, Gewalt, Zerstörung, Hunger und Vertreibung geworden sind. Die Autorität der moralischen Zeugen erwächst, wie bereits angedeutet, gerade nicht aus ihrer Unparteilichkeit, sondern aus ihrer existenziellen Betroffenheit, mit der sie verbürgen, was ihnen geschehen ist. Indem ein Mensch vom Tod seiner Angehörigen, von Folter und Gewalterfahrungen berichtet, wandelt sich sein Zeugnis von einer wahren Aussage zu einer moralischen Anklage an unsere Menschlichkeit. Schmerz und Verzweiflung gehen in das Zeugnis ein und verändern seine sprachliche Gestalt und soziale Funktion. Diese Menschen bezeugen mit ihrem Leben, wie verheerend unsere Zeit sein kann. Ihr Zeugnis dient nicht lediglich der Wahrheitsfindung, sondern ergeht als Anklage, Anspruch und Mahnung an die Hörenden und muss als kostbarer Aufruf zur Menschlichkeit gelesen und aufbewahrt werden.

Die vierte Form, die Zeitdeutung, unterscheidet sich grundlegend von den oben genannten Ausprägungen und kann deshalb nicht als Zeitzeugenschaft im eigentlichen Sinn gekennzeichnet werden.[4] Ihre beiden Modi, Zeitanalyse und Zeitkritik, dienen nicht der Beschreibung der Ereignisse, sondern ermöglichen auf einer Metaebene deren Einordnung und Durchdringung. Das Geschehen wird nicht in seiner Faktizität bezeugt, sondern in seiner Komplexität und Mehrdimensionalität analysiert. Soll die Deutung vor einer Öffentlichkeit bestehen, die allen zugänglich ist, muss sie allgemeingültige Aussagen treffen. Ihre Analysekriterien dürfen nicht der partikularen Erfahrung entstammen, von der die Zeitzeugnisse berichten, sondern müssen auf Fachwissen beruhen, das überprüfbar und allgemein anerkannt ist. Nur so lässt sich Zeitdeutung von

4 Hügli 2025.

blosser Meinung unterscheiden und als Stellungnahme verstehen, deren Aussagen objektiv zureichend begründet sind.

Auf der Basis der weitgehend deskriptiv verfahrenden Zeitanalyse nimmt Zeitkritik die normative Dimension unserer Gegenwart in den Blick. Welches Gewicht Zeitkritik als prüfende Untersuchung zu entfalten vermag, bringt das Werk von Annemarie Pieper exemplarisch zum Ausdruck. Indem es den Fokus auf Existenzphilosophie und Ethik legt, untersucht es nicht die Bedingungen der Wirklichkeit, sondern die Bedingungen der Möglichkeit gelingenden Lebens und einer gerechten Gemeinschaft aller Menschen. Auf dem Gebiet der Ethik ruft es dazu auf, das uns beunruhigende Zeitgeschehen nicht nur aufmerksam zu verfolgen, sondern auch zu verändern, wobei Pieper die Veränderung nicht an politischen Theorien, sondern ausschliesslich an den ethischen Prinzipien der Freiheit und Gerechtigkeit ausrichtet. Damit erweist sich Annemarie Pieper nicht als Zeitzeugin, sondern als Zeugin für das Überzeitliche und Unzeitgemässe[5], das die Realität an den Anforderungen misst, die die Ethik der Empirie entgegensetzt. Welche Konsequenzen sich aus ihrer Aufforderung für die Haltung jedes Einzelnen ergeben, sei im Folgenden geprüft.

Moralische Zeitzeugenschaft und ihr Appell an uns

Das weltpolitische Geschehen der letzten Jahre ist massgeblich durch Kriege geprägt, die auch für die nicht unmittelbar Betroffenen allgegenwärtig sind. Es liegt eine Atmosphäre von Bedrohung, Angst und Sorge über unserem Alltag, der wir fast nicht entkommen können, auch wenn wir selbst in Frieden le-

5 Ebd.

ben. Täglich erreichen uns Nachrichten und Bilder von Bombenabwürfen, getöteten Menschen, hungernden Frauen und Kindern auf der Flucht, zerstörten Städten und verwüsteten Landschaften. Was aber bedeutet das für uns, falls wir den Blick nicht von den Kriegsschauplätzen abwenden wollen? Was heisst es, moralische Zeitzeugenschaft anzuerkennen und die Zeugnisse der betroffenen Menschen entgegenzunehmen? Die folgenden Versuche einer Antwort sollen vor allem die Berichte der Zivilbevölkerung in den Mittelpunkt stellen, die in jedem Krieg aufs Schlimmste bedroht ist. Dabei ist zunächst der Rahmen des humanitären Völkerrechts genauer zu betrachten, denn dieser Rahmen bestimmt, in welcher Weise die nicht am Krieg beteiligten, aber in einem Kriegsgebiet lebenden Menschen zu schützen sind.

Wenn wir Bilder von Frauen, Männern und Kindern sehen, die vollkommen unschuldig sind, deren Leben vom Krieg aber ganz und gar zerstört worden ist, empfinden wir äusserste moralische Empörung. Wir sind sicher, dass vor unseren Augen etwas geschieht, was moralisch verwerflich ist. Dass Menschen mit ihrer Existenz und ihrem Leben bezahlen, was sie in keiner Weise zu verantworten haben, erfahren wir als Unrecht, das uns ins eigene Mark trifft. Dabei überwältigen uns nicht nur Gefühle des Entsetzens, der Trauer und des Mitleidens, sondern auch die Überzeugung, dass dies nicht geschehen darf, dass hier eine Grenze überschritten wird, die wir Menschen nicht überschreiten dürfen. Diese Überzeugung wird vom humanitären Völkerrecht zwar geteilt, jedoch – entgegen unseren möglichen Erwartungen – nicht in vollem Umfang geteilt.

Das humanitäre Völkerrecht verbietet den Angriff auf Zivilpersonen kategorisch und stellt damit die nicht am Krieg Beteiligten unter seinen Schutz. Gleichzeitig jedoch verbietet es den Angriff auf militärische Ziele nur dann, wenn unverhältnismässige Verluste unter der Zivilbevölkerung zu erwarten sind. Mit dem Begriff der Verhältnismässigkeit wird aber nicht etwa ein numerisches Verhältnis der Todesopfer, sondern eine Relation auf taktisch-militärischem Gebiet bezeichnet. Es geht um die Abwägung des im Vorhinein zu erwartenden militärischen Vorteils in Relation zu der Zahl der zivilen Opfer, die er aller Berechnung nach hervorrufen wird.[6] Das Abwägen obliegt der jeweiligen militärischen Führung und ist ihrem Ermessen anheimgestellt. Damit sind dieser völkerrechtlichen Bestimmung des *ius in bello* moralisch-ethische Überlegungen bezüglich des Schutzes von Zivilpersonen nachgeordnet. Doch auch wenn sie weder juridische noch faktische Geltung beanspruchen können, sind solche Erwägungen bedeutsam, da sie die Frage nach der normativen Gültigkeit der Menschenrechte im Krieg aufwerfen. Die Forschung Annemarie Piepers widmet sich massgeblich der Aufgabe, die Menschenrechte moralisch zu verteidigen und ethisch zu begründen. Pieper unterscheidet dabei Ethik und Moral in einer Weise, die auch unsere nachfolgenden Ausführungen prägt. Der Begriff «Moral» umfasst verschiedene teils durch Konvention vereinbarte, teils durch Tradition überlieferte Regelsysteme, die als unterschiedliche «Moralen» zeitlich und kulturell variieren. Die Ethik hingegen untersucht die Bedingungen, unter denen moralische Normen und Werte allgemein verbindlich sind.[7]

In moralischer Hinsicht, so lautet meine These, besteht für uns alle die Pflicht, die Zeugnisse der Opfer von Kriegen zu hören. Wir, die wir in Sicherheit leben, sollen uns nicht von den Bildern ihres Leidens abwenden, sondern diese bewusst aufnehmen und ganz ausdrücklich unseren Blick auf diejenigen richten, die im Krieg unschuldig leiden und sterben. Wenn

6 News der Deutschen Gesellschaft für die Vereinten Nationen e. V., 27.11.2023.

7 Pieper 2017.

die vom Tod bedrohten Frauen, Kinder und nicht kämpfenden Männer lediglich als «Kollateralschaden» oder als «menschliche Schutzschilde» Erwähnung finden, werden sie in einer Weise missachtet, die nicht tragbar ist. Wenn wir in den Nachrichten lesen, dass ihre Zahl nicht verifiziert werden kann, verschwinden diese Menschen spurlos und werden von der internationalen Gemeinschaft nicht einmal als Opfer des Krieges gezählt, geschweige denn ausserhalb ihrer Familien bei ihrem Namen genannt, in ihrem Leben gewürdigt und in ihrem Tod betrauert. Wenn journalistische Arbeit im Kriegsgebiet verhindert wird, geht jede Möglichkeit des Gedenkens durch eine Öffentlichkeit verloren, die den Radius des Kriegsschauplatzes übersteigt. Zeugnisse der leidenden Menschen dringen nicht mehr nach aussen und erreichen niemanden mehr, der sie lesen, hören oder sehen könnte, um sie zu bewahren und zu ehren. Aus den Interviews mit Überlebenden des Holocaust wissen wir, dass Menschen, die Gewalt, Hunger, Vertreibung und den Tod ihrer Angehörigen im Krieg erfahren haben, fast nicht darüber sprechen können, da ihre Schilderungen Erlebnisse in einer Welt betreffen, in der es keine Menschlichkeit gab. Diese Menschen sind darauf angewiesen, dass ihr Martyrium sichtbar gemacht und gesehen wird. Ihre Zeugnisse erheben den Anspruch, Gehör zu finden und nicht einfach unterzugehen. Wenn in den Nachrichten, die uns erreichen, von den unschuldig getöteten Kindern, Frauen und Männern keine Erinnerungsspuren bleiben, können wir sie nicht betrauern und ihnen keine Ehre mehr erweisen.[8]

Jedes Verbrechen gegen die Menschlichkeit geht mit dem Versuch einher, Trauer und Erinnerung zu verhindern. Die Zeugnisse der Opfer werden negiert, Bilder und Dokumente vernichtet, Archive und Erinnerungsstätten zerstört. Schon

8 Vgl. Butler 2009.

nur das Gedenken vonseiten einer Öffentlichkeit scheint in vielen Ländern eine Gefahr darzustellen. Der blosse Ausdruck von Trauer gilt dort bereits als politische Stellungnahme. Auf diese Weise werden zwischenmenschliche Gesten des Zuhörens, der Zuwendung, des Mitleidens und der Trauer ihrer moralischen Angemessenheit und Notwendigkeit beraubt.

Wenn wir uns fragen, wie wir angesichts der fernen Kriege verantwortungsvoll leben können, so besteht eine Antwort darin, dass wir diesen Gesten Raum geben sollen. Wir, die unser Zeitgeschehen zu verstehen suchen, sind aufgefordert, die Zeugnisse der Kriegsopfer nicht zu negieren, sondern aufmerksam zu hören. Wir können überdies dazu beitragen, dass sie aufbewahrt werden und als Mahnung dienen. Wir können uns darüber hinaus aufgerufen fühlen, den notleidenden Menschen mit allen uns zur Verfügung stehenden Mitteln materiell und immateriell zu helfen. Wir können Organisationen unterstützen, die in den Kriegsgebieten tätig sind, wir können uns politisch engagieren, Friedensarbeit leisten und dazu beitragen, dass geflüchtete Menschen Sicherheit finden.

Im folgenden Abschnitt sollen abschliessend die beiden eingangs gestellten ethischen Fragen thematisiert werden, die die Menschenrechte in den Mittelpunkt stellen und problematisieren, ob diese Rechte auch im Krieg gelten und wie sie begründet werden können.

Die ethische Begründung der Menschenrechte

Die traditionellen ethischen Theorien, die Kriege und Kriegsführung reflektieren, greifen vorrangig Problemstellungen auf, die das *ius ad bellum* und das *ius in bello* betreffen. Die Fragen, wann ein Krieg gerecht ist, und vor allem, welche Handlungen in einem Krieg erlaubt sind, werden in Auseinandersetzung mit dem humanitären Völkerrecht untersucht. Die allgemeinen Menschenrechte werden in diese Forschung traditionell nicht einbezogen, weil sie in Zeiten bewaffneter Auseinandersetzungen als unzweckmässig, ja sogar als unanwendbar gelten. Wenn es um die Begründbarkeit von Kriegshandlungen geht, werden sie bis heute als Gesetze für Friedenszeiten dem humanitären Völkerrecht nachgeordnet.[9] Da nun aber die grundlegendsten Menschenrechte der Zivilbevölkerung durch einen Krieg bedroht werden, wird derzeit in vielen Gremien ihre Sollgeltung auch im Kriegsfall diskutiert.[10] Es wird die Frage gestellt, ob die in einem Kriegsgebiet lebenden, aber in keiner Weise am Krieg teilnehmenden Frauen, Kinder und Männer nicht den vollen Anspruch auf die Wahrung ihrer Menschenrechte haben. Dies gilt a fortiori für das Recht auf Leben, Sicherheit und Freiheit, wie es im Artikel 3 der «Allgemeinen Erklärung der Menschenrechte» von 1948 festgeschrieben ist. Dieses Recht bildet die Grundlage aller anderen Menschenrechte, insofern es das blosse Leben und Überleben betrifft.

Die Menschenrechte zeichnen sich durch eine doppelte Qualifikation aus: sie besitzen sowohl juristischen wie auch moralischen Status. Als juristische Rechte sind sie für diejenigen Staaten, die sie unterschrieben haben, rechtlich verbindlich. Als moralische Rechte liegen sie indes der positiven Rechtsordnung sowie rechtlichen Kodifizierung voraus. Sie erheben den Anspruch, universell zu gelten und allen Menschen allein aufgrund ihres Menschseins zuzukommen. Dieser Geltungsanspruch geht somit im staatlichen Recht nicht auf, sondern besteht unabhängig von der Positivierung als moralischer Anspruch.

---

9 Clapham 5.2.2024.

10 Ebd.

Als solcher wird er jedoch von verschiedenen Seiten bestritten. So besagt die postkoloniale Kritik, dass Menschenrechte westlich seien und ihr universaler Geltungsanspruch bereits bei der Erklärung 1948 ad absurdum geführt wurde, als schwarze und weisse Menschen nicht einmal am selben Tisch sitzen durften. Vor allem aber weist sie darauf hin, dass die grausamsten Menschenrechtsverbrechen von den Kolonialherren begangen wurden, deren Nachkommen die Menschenrechte bis heute als zivilisierte Entwicklungsstufe propagieren, die der globale Süden allererst noch erreichen müsse. Die postkoloniale Kritik zeigt, dass im Namen der Menschenrechte auch gegenwärtig vielerorts strategisch oder militärisch interveniert und ein System der politischen Ökonomie begünstigt wird, das gravierende Umweltschäden und anhaltende Verelendung im globalen Süden zur Folge hat.[11] Trotz dieses Befundes geben verschiedene postkoloniale Theorien dem gegen sie gerichteten Einwand statt, dass der universale Anspruch der Menschenrechte durch den politischen Missbrauch nicht entkräftet, sondern im Gegenteil sogar bestärkt wird. Nicht die Universalität, so die Überlegung, bildet das Problem für den Postkolonialismus, sondern die Tatsache, dass die universale Geltung nicht eingelöst wurde und bis heute nicht eingelöst wird.[12] Erst durch die Universalität nämlich lassen sich die Menschenrechte auch dort einklagen, wo sie nicht positiviert sind oder missachtet werden.

Von den relativistischen und subjektivistischen Theorien wird der Universalismus der Menschenrechte schlechthin bestritten. Diese Kritik besagt, dass die Ethik nicht in der Lage sei, einen universalen Geltungsanspruch zu begründen, weil die theoretischen Grundlagen der Ethik als philosophischer

---

11 Vgl. Castro Varela/Dhawan 2020.

12 Ebd.

Disziplin selbst nicht hinlänglich geklärt seien. Die Kritik bezieht ihre Überzeugungskraft dabei auch aus dem Umstand, dass wir heute in weltanschaulich pluralistischen Gesellschaften leben und keine starken Hintergrundannahmen mehr teilen, die es der Ethik ermöglichten, auf religiöse, metaphysische oder naturrechtliche Annahmen zurückzugreifen. Somit scheint die Vielfalt unterschiedlicher Moralsysteme nahezulegen, dass moralische Urteile, Normen und Werte überhaupt keinen wahrheitsanalogen Geltungsanspruch erheben und demzufolge gar nicht richtig und falsch sein können. Auf dieses theoretische Problem konzentriert sich Annemarie Piepers ethische Forschung und seiner Lösung sind ihre grundlegenden Werke gewidmet.

Dem relativistischen Einwand sucht die Ethik in mehrfacher Hinsicht zu begegnen. So lenkt die Diskursethik den Blick auf den normativen Gehalt jener pragmatischen Voraussetzungen, die wir alle zumindest implizit anerkannt haben müssen, wenn und sobald wir mit Argumenten – und mit nichts sonst – über die Gültigkeit einer Aussage streiten.[13] Ausschliesslich aus diesen idealisierenden Voraussetzungen gewinnt die Diskursethik Verfahren zur Begründung moralischer Normen, mit deren Hilfe sie soziale Geltung von normativer Gültigkeit unterscheidet und zeigen kann, welche Normen zu Recht universelle Gültigkeit beanspruchen können. Annemarie Pieper vertritt demgegenüber die These, dass Ethik eine praktische Wissenschaft ist. Ihr zufolge teilt die Ethik mit der Psychologie und Soziologie den Gegenstandsbereich der menschlichen Praxis und mit der Theologie und Jurisprudenz den Bereich des normativen Handelns. Die Ethik untersucht dabei unterschiedliche Moralsysteme auf ihren Anspruch hin, für alle Menschen und zu jeder Zeit zu gelten. Als Bezeichnung für

13 Habermas 2024, S. 129.

diesen unbedingten Anspruch verwendet Pieper den Terminus «Moralität», den sie, Kant folgend, als Vernunftbegriff kennzeichnet. Durch ihn werden nach Pieper die unterschiedlichen «Moralen» geprüft und von der Ethik als allgemeingültig anerkannt oder zurückgewiesen. Den unbedingten Geltungsanspruch verankert Pieper nicht wie die Diskursethik in den diskursiven Voraussetzungen, sondern, nachkantisch, in den Bedingungen des menschlichen Handelns. Es sind dies die Bedingungen der Freiheit als Autonomie, die ausschliessen, dass äusserer oder innerer Zwang über die Maximen entscheiden, nach denen gehandelt wird. Der Mensch selbst ist es, der sich die Gesetze seines Handelns gibt und über die Gründe ihrer Befolgung entscheidet. Dabei kann er sich durch verschiedene Wünsche, Vorlieben und Interessen leiten lassen, aber er kann sich auch Gesetze geben, die es allen anderen Menschen ermöglichen, seine Handlungsmaxime zu übernehmen. Und er kann diesen selbst gesetzten Normen nicht nur folgen, sondern ihnen darüber hinaus gerade deshalb folgen wollen, weil sie universalisierbar sind und dadurch nicht nur seine Freiheit, sondern auch die aller anderen Menschen ermöglichen. Annemarie Pieper nennt dieses Prinzip der Autonomie das «Unbedingte», das alle Moral(en) legitimiert und das Individuum nötigt, «nicht nur seine Handlungsfreiheit, sondern auch die seine Handlungsfreiheit begründende Willensfreiheit so einzuschränken, dass die eigenen Zielsetzungen die berechtigten Ansprüche anderer Individuen nicht negieren».[14]

Wenn die Ethik die universale Gültigkeit der Menschenrechte zu begründen sucht, so tut sie dies in manchen ihrer Theorien in Form einer «Letztbegründung». Diese erbringt den Nachweis, dass wir Menschen als Menschen bestimmte normative Gehalte nicht bestreiten können, ohne in einen

14 Pieper 2007.

Selbstwiderspruch zu geraten[15] oder das, was uns als Menschen auszeichnet, zu verleugnen.[16] Annemarie Pieper verwendet den Begriff der «Letztbegründung» für ihre nachkantische Konzeption nicht. Sie argumentiert, auch in Bezug auf die Menschenrechte, dass es ausschliesslich die Form der autonomen Selbstbindung des Willens ist, die den universalen Geltungsanspruch zu begründen vermag.

> Die Menschenrechte sind Freiheitsrechte, die mit Kant gesprochen einen guten Willen voraussetzen. [...] Freiheit ist demnach ein Apriori, kein theoretisches, Erfahrung begründendes Apriori, sondern ein ethisch-praktisches und als solches ein sollenbegründendes Apriori, das den Willen dazu auffordert, allen Zielsetzungen sein eigenes Gesetz, das ihn als guten Willen qualifiziert, das Gesetz der Freiheit nämlich, zugrunde zu legen.[17]

Ob dieser Ansatz eine endgültige Rechtfertigung der Menschenrechte vorlegt, sei offengelassen. Mir scheint, im Anschluss an die Überlegungen Kants, dass eine «Letztbegründung» in der Ethik generell nicht möglich ist, weil der letzte Grund kein theoretischer Schritt der Ethik, sondern ein erster Schritt der moralischen Haltung jedes Einzelnen ist. Nicht ein Abschluss, sondern eine Eröffnung, nicht ein letztes Prinzip der Erkenntnis, sondern ein erster Akt der Anerkennung begründet den universalen Gültigkeitsanspruch moralischer Normen. Pieper betont, dass keine ethische Begründung erreichen kann, worauf sie abzielt: Die Ethik macht die Menschen nicht moralisch. «Die Ethik ist nicht die Praxis, deren Theorie sie ist. Ihr Ziel – die Realisierung von Freiheit – liegt ausserhalb ihrer

---

15 Apel 1988.

16 Vgl. Boehm 2022.

17 Pieper 2016.

selbst.»[18] Es liegt in jeder einzelnen Person und jeder Gemeinschaft. Wir als Menschheit entscheiden über die faktische Geltung und politische Durchsetzung der Menschenrechte und wir als Einzelne achten oder missachten das Prinzip, das ihre Anerkennung durch uns moralisch qualifiziert. So ist es zwar an der Ethik, die Menschenrechte zu begründen, aber vor allem an uns, sie einzuhalten und zu respektieren – auch in den Kriegen unserer Zeit.

Annemarie Pieper hat unsere Zeit in exemplarischer Weise gedeutet und kritisch beleuchtet. Wir verdanken ihr philosophische Untersuchungen zur Ethik, zur Existenzphilosophie und zu den wesentlichen Fragen unserer Gegenwart. Sie hat Philosophie nie als Beschäftigung einer intellektuellen Elite, sondern immer als Weg jedes einzelnen Menschen verstanden, seine Zeit zu bedenken und zu bezeugen. Dabei wusste sie, dass unsere Gegenwart nicht nur erschreckend, sondern trotz der Kriege und Krisen das Kostbarste ist, was wir haben. So hält sie unverbrüchlich fest: «Unser Paradies ist hier und jetzt, nicht am Anfang der Geschichte in einem goldenen Zeitalter und auch nicht an ihrem Ende in einem Himmel. Es liegt an uns, die Zeit in jedem Augenblick mit Sinn zu erfüllen.»[19]

Bibliografie

Apel, Karl-Otto: Diskurs und Verantwortung. Das Problem des Übergangs zur postkonventionellen Moral. Frankfurt/M. 1988.

Assmann, Aleida: «Vier Grundtypen von Zeugenschaft», in: Stiftung Erinnerung Verantwortung und Zukunft (Hg.): Zeugen und Zeugnisse. Berlin 2008, S. 12–26.

18 Pieper 2017, S. 156.

19 Pieper 2014, S. 368.

Boehm, Omri: Radikaler Universalismus. Jenseits von Identität. Berlin 2022.

Butler, Judith: Frames of War: When is Life Grievable? London/New York 2009.

Castro Varela, María do Mar/Dhawan, Nikita: Postkoloniale Theorie. Eine kritische Einführung. Bielefeld 2020.

Clapham, Andrew: «Menschenrechte und Krieg», Geneva Policy Outlook, 5.2.2024, verfügbar unter https://www.genevapolicyoutlook.ch/de/human-rights-and-war/ [13.01.25].

Habermas, Jürgen: Es musste etwas besser werden. Berlin 2024.

Hügli, Anton: Brief an die Verfasserin vom 7.2.2025. Unveröffentlicht.

Kant, Immanuel: Gesammelte Schriften, Band 16 (III/Band 3) Logik. Berlin 1969.

News der Deutschen Gesellschaft für die Vereinten Nationen e. V.: «Es geht im humanitären Völkerrecht immer um eine Balance zwischen militärischer Notwendigkeit und Menschlichkeit.» Interview mit Prof. Dr. Helmut Aust. Dies., 27.11.2023, verfügbar unter: https://dgvn.de/meldung/es-geht-im-humanitaeren-voelkerrecht-immer-um-eine-balance-zwischen-militaerischer-notwendigkeit-und-menschlichkeit [13.01.25].

Pieper, Annemarie: «Grenzen der Freiheit» in: fiph-Journal 10, 2007, S. 1, 3–8.

Pieper, Annemarie: Nachgedacht. Philosophische Streifzüge durch unseren Alltag. Basel 2014.

Pieper, Annemarie: «Menschenwürde und Menschenrechte aus philosophischer Sicht». Swiss portal for Philosophy, 30.11.2016, verfügbar unter: https://www.philosophie.ch/2016-11-30-pieper [13.01.25].

Pieper, Annemarie: Einführung in die Ethik, 7. Auflage. Tübingen 2017.

Unesco: «Jeden vierten Tag wird ein Journalist getötet», Neue Zürcher Zeitung, 02.11.2024, verfügbar unter https://www.nzz.ch/international/unesco-jeden-vierten-tag-wird-ein-journalist-getoetet-ld.1855680 [13.01.25].

Realutopien

Dominik Perler

Einleitung: klassische Utopien und Realutopien

Ich hatte das Glück, vier Jahre lang – von 1997 bis zu ihrer Pensionierung 2001 – mit Frau Pieper in Basel zusammenzuarbeiten. Sie hat mich damals mit offenen Armen empfangen, mich von Anfang an als gleichwertigen Kollegen behandelt, obwohl ich noch sehr jung und unerfahren war, und mich ermuntert, meinen eigenen Weg zu gehen. Stets hat sie das praktiziert, was ihr auch in ihren theoretischen Schriften wichtig war: Andere Menschen sind als freie und selbstbestimmte Personen zu respektieren. Genau diesen Grundsatz hat sie im akademischen Alltag in die Tat umgesetzt – mit einer unverkennbaren Mischung aus Herzlichkeit, Aufrichtigkeit und unverblümter Direktheit, die ich sehr geschätzt habe.

Ich habe Frau Pieper allerdings schon während meiner Studienzeit in den 1980er-Jahren kennengelernt. Damals lehrte sie als Gastprofessorin an der Universität Fribourg, und ich besuchte bei ihr eine Vorlesung zum Thema «Utopien». In dieser Lehrveranstaltung spannte sie einen Bogen von klassischen Utopien der Frühen Neuzeit bis zu feministischen Utopien des 20. Jahrhunderts. Ihre faszinierende Darstellung und Analyse so unterschiedlicher Modelle wie jener, die sich bei Tommaso Campanella, Francis Bacon, Aldous Huxley und Charlotte Gilman Perkins finden, haben früh mein Interesse an Utopien geweckt und sind mir in lebhafter Erinnerung geblieben. Auch in späteren Publikationen widmete sich Frau Pieper immer wieder utopischen Modellen. Sie begnügte sich freilich nicht mit einer blossen Zusammenfassung oder historischen Darstellung, sondern wertete die verschiedenen Modelle kritisch aus, entwickelte sie weiter und stellte ihnen teilweise auch ein eigenes Modell gegenüber. In einem Aufsatz aus dem Jahr 1998 skizzierte sie ihren eigenen Ansatz folgendermassen:

> Utopien gleich welcher Spielart werden heutzutage – nach dem angeblichen Scheitern der sozialistischen Utopie – vielfach für verzichtbar oder bestenfalls für unterhaltsam gehalten. Ich hingegen erachte utopisches Denken mehr denn je als nötig – nicht unbedingt für die Konstruktion von gesamtmenschheitlichen Interaktionsformen, sondern für Zukunftsentwürfe kleineren Zuschnitts – im Sinne von Realutopien.[1]

Ihr Ziel war es also, Utopien nicht zu verabschieden, sondern die allzu grandiosen, realitätsfernen Utopien durch Realutopien zu ersetzen. Dadurch sollten die klassischen utopischen Modelle erneuert und für konkrete Gesellschaftsentwürfe brauchbar gemacht werden. Doch was ist an den klassischen Utopien problematisch? Warum sind sie nicht überzeugend? Was ist im Gegensatz dazu unter den Realutopien zu verstehen? Warum sind sie mehr denn je nötig? Und welche Form sollten sie aufweisen? Diesen Fragen möchte ich im Folgenden nachgehen, indem ich in einem ersten Schritt ganz kurz Frau Piepers Kritik an den klassischen Utopien rekonstruiere und sie in einem zweiten Schritt dann mit Blick auf die gegenwärtige Debatte über ideale und nicht ideale Theorien auswerte. So möchte ich, an Frau Pieper anknüpfend, über sie hinausgehen und dadurch deutlich machen, dass ihr philosophisches Vermächtnis nach wie vor aktuell ist und uns auch heute noch Impulse geben kann.

---

1 Pieper 1998, S. 69–91 (hier 91).

Das Scheitern der klassischen Utopien

Beginnen wir also mit einer kurzen Analyse der Punkte, die Frau Pieper in den klassischen Utopien kritisch sah. Sie betonte, dass Utopien nicht etwa deshalb problematisch sind, weil sie Gesellschaften präsentieren, die es nie gab und wohl auch nie geben wird. Ganz im Gegenteil: Die besondere Pointe utopischer Entwürfe besteht gerade darin, dass sie Gesellschaften beschreiben, die – wie es das griechische Wort bereits ausdrückt – keinen Ort in der Realität haben und deshalb weder geografisch noch historisch verortet werden können. Utopien skizzieren ganz gezielt Alternativen zu bestehenden Formen des Zusammenlebens. Sie zeigen, wie Gesellschaften funktionieren *sollten*, nicht, wie sie tatsächlich funktionieren, und präsentieren dadurch eine Idealgesellschaft, die angestrebt werden sollte. An dieser Idealgesellschaft, so lautet die Kernbotschaft, sollten wir uns in der Organisation der bestehenden Gesellschaften orientieren. Kurz gesagt: Utopien sind normativ und nicht deskriptiv zu verstehen.

So weit, so gut. Was ist daran nun problematisch? Das Kernproblem liegt Frau Pieper zufolge darin, dass Utopien die Idealgesellschaft derart in den Vordergrund stellen, dass sie dem Individuum und seinem Anspruch auf eigene Entfaltung keinen Platz mehr einräumen. Das Individuum wird gleichsam der perfekt funktionierenden Gesellschaft geopfert. In ihrem Aufsatz bringt Frau Pieper dieses Problem prägnant auf den Punkt:

> Das Scheitern der Utopien hat demnach seinen Grund darin, dass sie in ihrem Bemühen, dem Glück einen empirischen Ort zu geben, die Bedingung eliminieren, die für den Erwerb des Glücks unverzichtbar ist: die Freiheit.[2]

---

2 Ebd., S. 76.

Konkret heisst dies, dass in den utopischen Modellen die perfekten Organisationsstrukturen, die perfekten Bildungsinstitutionen und die perfekten sozialen Systeme so sehr im Vordergrund stehen, dass es dem menschlichen Individuum nicht mehr möglich ist, daraus auszubrechen. Das Individuum muss sich völlig anpassen und stets zum Wohl der Gesellschaft beitragen. Es hat keine Freiheit mehr, eigene Ziele zu definieren, eigene Wünsche und Pläne zu verfolgen, darunter auch solche, die nicht im Einklang mit jenen der Gesamtgesellschaft stehen. Und es hat schon gar nicht die Freiheit, ein eigenes Glück anzustreben, das von dem gesellschaftlich vorgesehenen Glück abweicht. Es muss gleichsam zum Rad im perfekten sozialen Getriebe werden.

Diese gesellschaftliche Vereinnahmung des Individuums hat einen zweifachen Grund. Zum einen liegt er in einer bestimmten Konzeption der Idealgesellschaft. Es wird angenommen, dass diese Gesellschaft eine so perfekte Struktur aufweist, dass sich jedes Individuum nahtlos in sie einfügt. Es gibt dann keine Spannung mehr zwischen Gesellschaft und Individuum, denn der Platz, der dem Individuum in der Idealgesellschaft zugewiesen wird, entspricht genau dem Platz, den das Individuum selber einnehmen möchte und der ihm auch angemessen ist. Zum anderen liegt der Grund für die gesellschaftliche Vereinnahmung in einer bestimmten Vorstellung vom Individuum und dessen Natur. Es wird angenommen, dass alle menschlichen Individuen dieselbe Natur haben und deshalb auch dieselben Ziele verfolgen, so etwa das Ziel, die geistigen Talente zu entfalten oder tugendhaft zu werden. In der Idealgesellschaft werden die Rahmenbedingungen geschaffen, die es ermöglichen, dass dieses Ziel auch erreicht wird. Das Individuum kann dann vollkommen gemäss seiner Natur leben, die mit der Natur aller anderen Individuen übereinstimmt, und wird in seiner persönlichen Entfaltung nicht mehr beeinträchtigt. Es wird zum perfekten Individuum.

Angesichts dieser Annahmen ist es nicht erstaunlich, dass in einer klassischen Utopie gar nicht vorgesehen ist, dass ein Individuum aus der Idealgesellschaft ausbricht. Die Ziele der Idealgesellschaft entsprechen ja genau den Zielen eines jeden Individuums. Wenn es diese Ziele nicht verfolgen möchte, liegt dies nur daran, dass es noch keine Einsicht in seine eigene Natur erworben hat und somit nicht versteht, was für seine eigene Entfaltung erforderlich ist. Die Erziehung dient dann dazu, dass es diese Einsicht erwirbt und mit der Zeit von sich aus die Ziele anstrebt, die in der Idealgesellschaft in gleicher Weise für alle Individuen gelten. Die individuell verfolgten Ziele stimmen dann mit den überindividuell festgelegten Zielen vollkommen überein.

Einen Ausbruchsversuch aus der Idealgesellschaft und eine Ablehnung der festgelegten Ziele gibt es höchstens in existenzialistischen Modellen, in denen sich das Individuum gegen die Gesellschaft aufbäumt und seinen eigenen Weg geht. Doch warum sollte ein Individuum so etwas tun? Es würde dann ja gegen seine eigene Natur handeln und genau das missachten, was für die eigene Entfaltung am besten ist. Und wie sollte es sein individuelles Glück, das vom gesellschaftlich festgelegten Glück abweicht, überhaupt definieren können? Es müsste dafür eigene Ziele festlegen, die einer bislang unbekannt gebliebenen Natur entsprechen. Wie es diese Natur überhaupt entdecken könnte, bleibt aber vollkommen unklar. Der existenzialistische Entwurf überfordert das Individuum, wie Frau Pieper mit Bezug auf Albert Camus überzeugend festgestellt hat,[3] und lässt unerklärt, wie es überhaupt eine Kluft zwischen

3 Ebd., S. 78.

den eigenen Zielen und den in der Idealgesellschaft festgelegten Zielen geben kann.

Utopien und nicht-ideale Theorien

Was ist an dieser Kritik an klassischen Utopien heute noch interessant? In neueren Debatten finden sich kaum mehr literarisch ausgeschmückte Utopien, wie dies noch bis weit in das 20. Jahrhundert hinein der Fall war. Es gibt aber eine ganze Reihe von normativ konzipierten Gesellschaftstheorien. Derartige Theorien beschreiben nicht einfach auf empirischer Grundlage, wie bestehende Gesellschaften aufgebaut sind und funktionieren. Sie zeigen anhand von Idealmodellen vielmehr, wie Gesellschaften funktionieren sollten und welche fundamentalen Prinzipien sie berücksichtigen sollten. Ein prominentes Beispiel ist das Idealmodell, das Rawls in seiner *Theorie der Gerechtigkeit* präsentierte.[4] Er stellte dort die fundamentalen Prinzipien der Gerechtigkeit vor, die in jeder Gesellschaft gelten sollten, ganz unabhängig von den jeweiligen Rahmenbedingungen, und erläuterte, welche Konsequenzen sich daraus für die gesellschaftlichen Institutionen ergeben.

Ein solches Vorgehen ist in den letzten zwanzig Jahren aber immer mehr unter Beschuss gekommen. Angeregt von Charles Mills, haben zahlreiche politische Philosophinnen und Philosophen darauf hingewiesen, dass Rawls' Gesellschaftstheorie auf der Annahme basiert, es müsse eine *ideale Theorie* entworfen werden.[5] Eine solche Theorie entwirft das Bild einer

4 Vgl. Rawls 1971 (dt. 1979).

5 Den Ausgangspunkt bildete Mills 2005. Einen konzisen Überblick über die daraus entstehende Debatte bieten Stemplowska/Swift 2012. Für eine ausführliche Darstellung und Diskussion siehe Hänel/Müller (Hg.) 2024.

Gesellschaft, in der von allen sozialen, ethnischen, ökonomischen und anderen Differenzen abgesehen wird und auch die individuellen Unterschiede ausgeblendet werden.[6] Sie formuliert die allgemeinen Gerechtigkeitsprinzipien und versucht, so etwas wie die perfekte Struktur einer Gesellschaft von Gleichgestellten zu entwerfen. Erst wenn diese Struktur feststeht, so wird dabei angenommen, wird auch deutlich, was an der Struktur einer bestehenden Gesellschaft defizitär ist und wie sie verbessert werden sollte. Man hat dann die ideale Vorlage für die anzustrebende Gesellschaft und kann konkrete Formen des Zusammenlebens an ihr ausrichten.

Eine solche ideale Theorie kann methodisch unterschiedlich verstanden werden, in einem ganz zentralen Sinn lässt sie sich aber als utopische Theorie deuten.[7] Sie geht nämlich von einer Idealgesellschaft unter Idealbedingungen aus und entwickelt mit Blick darauf die Vorlage für die anzustrebende Gesellschaft. Dass ein Ideal konstruiert wird, ist dabei nicht problematisch, denn natürlich muss jede Theorie, die normativ konzipiert ist, ein Ziel angeben. Und das Erreichen dieses Ziels sollte es ermöglichen, die Defizite der bestehenden Gesellschaft zu überwinden. Problematisch ist also nicht die Tatsache, *dass* ein Ideal angegeben wird, sondern vielmehr die Art und Weise, *wie* dieses Ideal formuliert wird. Es werden nämlich mehre-

---

6 Rawls räumte ein, dass auf eine ideale Theorie, die er als den ersten Teil einer Theorie der Gerechtigkeit nannte, eine nicht ideale Theorie folgen sollte, in der ökonomische, soziale und andere Umstände zu berücksichtigen sind; vgl. Rawls 1979, S. 277. Allerdings meinte er, der erste Teil könne unabhängig vom zweiten ausgearbeitet werden. Genau diese Annahme weisen die Kritiker der idealen Theorie zurück.

7 Es handelt sich um den zweiten der drei möglichen Sinne in Valentini 2012.

re Abstraktionen vorgenommen. Mindestens drei Abstraktionen fallen dabei auf:[8]

Erstens wird von den *sozialen Institutionen* abstrahiert, in denen das Zusammenleben geregelt wird und ein rechtlicher Rahmen geschaffen wird. Wenn diese Institutionen überhaupt in den Blick genommen werden, so nur in sehr allgemeiner Form, etwa mit Bezug auf ihre Organisationsform und die zugrunde liegenden Gerechtigkeitsprinzipien. Es wird aber nicht darauf geachtet, wie die einzelnen Institutionen historisch gewachsen sind, wie sie im Alltag konkret ausgestaltet werden, welche Personen die Ausgestaltung bestimmen und welche Formen der Macht sich daraus ergeben. Dadurch fällt nicht ins Blickfeld, dass selbst jene Institutionen, die rein theoretisch die bestmögliche Organisationsform haben und sich an den bestmöglichen Prinzipien orientieren, in der Realität zu Instrumenten der Unterdrückung werden können und tatsächlich häufig zu solchen Instrumenten werden. Soziale Institutionen entwickeln nämlich eine Dynamik und bringen in ihrer konkreten Ausgestaltung Machtstrukturen hervor, die in der ursprünglichen Konzeption gar nicht vorgesehen sind.

Zweitens wird in einer idealen Theorie von den einzelnen *Individuen* und ihren unterschiedlichen Fähigkeiten, Interessen und Motivationen abstrahiert. Wenn von Individuen die Rede ist, so meistens nur als rationale Akteure, die das beste Ziel anstreben und sich unter idealen Bedingungen gleich verhalten. Das heisst, es wird angenommen, dass alle Individuen die bestmögliche Handlung wählen, wenn sie das bestmögliche Wissen haben. Es wird aber nicht beachtet, dass sie aufgrund ihrer Erziehung, ihrer psychischen Konstitution, ihrer sozialen Prägung oder anderer Faktoren häufig nicht als rationale Ak-

8 Ich beschränke mich auf die wichtigsten Abstraktionen. Für eine umfassende Darstellung siehe Thompson 2020.

teure handeln und somit selbst bei bestmöglichem Wissen nicht jene Handlung wählen, die objektiv gesehen die beste Handlung für sie ist. Ebenso wenig wird darauf geachtet, dass sie aufgrund ihrer Hautfarbe, ihres sozialen Umfelds, ihrer Bildungsschicht oder ihres Geschlechts häufig daran gehindert werden, das bestmögliche Wissen zu erwerben. Sie haben dann gar nicht die Möglichkeit, alle Handlungsoptionen zu evaluieren und die bestmögliche auszuwählen, denn sie werden von vornherein epistemisch eingeschränkt.

Drittens schliesslich abstrahiert eine ideale Theorie auch von den *sozialen Mechanismen*, die das Zusammenleben der Individuen bestimmen. Vor allem geht sie nicht darauf ein, dass es neben den explizit formulierten Mechanismen auch implizite gibt, die häufig gar nicht thematisiert werden. Dies sind etwa Verhaltensregeln, die durch Erziehung vermittelt werden, aber auch Formen der gegenseitigen Anerkennung und – was leider häufig vorkommt – Formen der mangelnden Anerkennung oder gar der Diskriminierung. Besonders deutlich zeigt sich dies in rassistischem oder sexistischem Verhalten. Die Annahmen, die einem solchen Verhalten zugrunde liegen, werden häufig gar nicht ausgesprochen, sind aber allen bekannt und werden auf nicht verbale Weise vermittelt. Sie bestimmen das Zusammenleben und führen dazu, dass sich selbst die bestmöglichen Individuen in den bestmöglichen Institutionen nicht entfalten können und nicht an allen gesellschaftlichen Aktivitäten teilhaben können. Teilweise werden einzelne Individuen auch aktiv aus bestimmten Gruppen ausgeschlossen. Dann werden sie durch soziale Mechanismen, die fest verankert sind, von den Aktivitäten dieser Gruppen ferngehalten.

Es gibt in einer idealen Theorie also mindestens drei Abstraktionen, nämlich jene von konkreten sozialen Institutionen, konkreten Individuen und konkreten sozialen Mechanismen.

Was ist daran problematisch? Nun, es wird davon abgesehen, dass es in einer Gesellschaft immer um das Zusammenleben von sozial und kulturell geprägten Individuen in historisch gewachsenen Institutionen geht. Nie geht es um perfekte Individuen in perfekten Institutionen, nicht einmal um solche, die zu solchen Individuen werden könnten; die sozialen Institutionen und Mechanismen verhindern die erforderliche Entwicklung. Und es geht schon gar nicht um Individuen, die einander gleichgestellt sind und sich in gleicher Weise entwickeln können.

Wenn eine ideale Gesellschaft beschrieben werden soll, muss dies berücksichtigt werden. Vor allem muss beachtet werden, dass stets *nicht-ideale* Rahmenbedingungen vorliegen: In historisch gewachsenen Institutionen gibt es immer Formen der Unterdrückung und des Machtmissbrauchs, zahlreiche Individuen sind aufgrund ihrer sozialen Herkunft, ihrer ethnischen Zugehörigkeit oder ihres Geschlechts immer benachteiligt, und soziale Mechanismen führen immer wieder zu Diskriminierung. Dies ist ein Faktum, das nicht geleugnet oder in einer Abstraktion weggelassen werden darf. Vor allem darf nicht angenommen werden, wie Rawls noch meinte, man könne einen «Schleier der Unwissenheit» über alle Individuen legen und die Prinzipien der Gerechtigkeit festlegen, indem man von allen individuellen Unterschieden und sozialen Mechanismen absieht.[9] Selbst wenn in einem Gedankenexperiment ein Schleier entworfen werden kann, trägt ein solches Experiment nichts zur Ausarbeitung von anwendbaren Prinzipien der Gerechtigkeit bei. Es sind nämlich nur jene Prinzipien realitätstauglich, die auf die faktisch vorhandenen Formen der Ungleichheit eingehen. Daher müssen die durch soziale Herkunft, ethnische Zugehörigkeit, Geschlecht und andere Faktoren be-

9 Vgl. Rawls 1979, S. 159–166.

dingten Unterschiede und die zu Unterdrückung führenden sozialen Mechanismen von Anfang an in den Blick genommen werden. Sie verdeutlichen nämlich, dass die Startchancen für die einzelnen Mitglieder einer Gesellschaft ganz unterschiedlich ausfallen und dass sie daher unterschiedliche Bedürfnisse haben, auch unterschiedliche Ansprüche auf politische Partizipation. Kurz gesagt: Wenn das Bild einer idealen Gesellschaft gezeichnet werden soll, müssen stets die nicht-idealen Rahmenbedingungen berücksichtigt werden. Oder wie Charles Mills dies prägnant ausgedrückt hat, «die beste Art und Weise, das Ideale hervorzubringen, besteht darin, das Nichtideale anzuerkennen (*the best way to bring about the ideal is by recognizing the nonideal*)».[10]

Entscheidend ist hier, dass nicht etwa das Ideal aufgegeben oder abgeschwächt werden soll. Jede normativ konzipierte Gesellschaftstheorie muss ja angeben, auf welches Ziel hin sich eine bestehende Gesellschaft entwickeln sollte. Fraglich ist hier nicht das Ideal, sondern die Art und Weise, wie es festgelegt wird und wie der Weg zum Erreichen des Ideals bestimmt wird. Genau dafür muss das Nichtideale berücksichtigt werden. Das heisst: Es muss beachtet werden, dass das Ideal in nicht-idealen Institutionen mit nicht-idealen Individuen vor dem Hintergrund nicht-idealer sozialer Mechanismen festgelegt und auch erreicht werden soll.

Was heisst dies nun konkret? Ich möchte kurz zwei Beispiele vorstellen, um die allgemeine These zu veranschaulichen. Ein erstes Beispiel ist das amerikanische Justizsystem, das bereits Charles Mills im Blick hatte und das auch in den Debatten der neueren «critical race theory» immer wieder diskutiert wird.[11] In einer idealen Theorie werden ganz abstrakt

---

10 Mills 2005, S. 182.

11 Vgl. Lepold/Martinez Mateo 2021.

die Struktur und die Organisationsform eines Justizsystems entworfen, auch die Gerechtigkeitsprinzipien und die prozeduralen Regeln, die zu beachten sind. Es wird aber davon abgesehen, welche Akteure an diesem System beteiligt sind, welche Wertvorstellungen diese Akteure leiten und in welcher sozialen Realität das ganze System verankert ist. Es wird einzig und allein auf allgemein gültige Rechtsprinzipien geachtet. In einer nicht-idealen Theorie werden solche Prinzipien ebenfalls beachtet. Es wird aber auch berücksichtigt, von welchen Individuen diese Prinzipien interpretiert werden, von welchen rassistischen Werturteilen sie dabei vielleicht beeinflusst werden und mit welchen Massnahmen diese Werturteile entkräftet werden können. Ebenso wird darauf geachtet, welche Rechtspraxis bereits besteht und wie diese Praxis einzelne Gruppen vielleicht bevorzugt und andere benachteiligt. Kurzum, das ideale Justizsystem wird unter Berücksichtigung nicht-idealer Bedingungen beschrieben. Daher werden von Anfang an Formen der Diskriminierung beachtet und gezielte Massnahmen zur Vermeidung von Diskriminierung festgelegt.

Mein zweites Beispiel ist das universitäre System, das wohl näher an der Alltagswelt von Akademikerinnen und Akademikern liegt und das auch Frau Pieper immer im Blick hatte. In einer idealen Theorie werden für die Auswahl des universitären Personals allgemein gültige Kriterien der Bestenauslese bestimmt. So wird etwa festgelegt, welche Ausbildung, Publikationstätigkeit und Lehrerfahrung jemand vorweisen muss, um für eine universitäre Stelle qualifiziert zu sein. Es wird aber davon abgesehen, welche soziale Herkunft oder welches Geschlecht jemand hat. Auch die konkreten Institutionen, in denen jemand sozialisiert wurde, und die Belastungen, denen jemand aufgrund von Betreuungspflichten (z. B. von Kindern oder betagten Eltern) ausgesetzt ist, werden ausgeblendet. Es wird auf die «reine» akademische Leistung geachtet. In einer nicht-idealen Theorie wird diese Leistung ebenfalls beachtet und es werden ebenfalls Kriterien der Bestenauslese festgelegt. Zusätzlich wird aber in Betracht gezogen, wieweit einzelne Individuen diese Kriterien aufgrund ihrer sozialen Herkunft oder ihrer besonderen familiären Situation überhaupt erfüllen können und wie konkrete Institutionen sie an der Erreichung akademischer Ziele vielleicht gehindert haben. Es wird auch deutlich gemacht, welche impliziten, vielleicht diskriminierenden Wertmassstäbe bei der Beurteilung des akademischen Profils angelegt werden. Dabei werden für unterschiedliche Personen unterschiedliche Formen der Diskriminierung berücksichtigt. Somit gilt auch hier, dass das ideale universitäre System unter Berücksichtigung nicht-idealer Bedingungen beschrieben wird. Entsprechend werden von Anfang an die ungleichen Ausgangsbedingungen in einem universitären Auswahlverfahren beachtet. Dies bedeutet nicht einfach, dass einzelne Individuen bevorzugt behandelt werden, sondern dass ihre akademischen Leistungen mit Blick auf die nicht-idealen Bedingungen, denen diese Individuen ausgesetzt sind, beurteilt werden.

Ich hoffe, beide Beispiele verdeutlichen, dass es nicht darum geht, Ideale aufzugeben oder abzuschwächen. Wichtig ist vielmehr, dass Ideale mit Blick auf nicht-ideale Rahmenbedingungen definiert und ausbuchstabiert werden. Genau das leistet eine nicht-ideale Theorie. Ebenso wichtig ist, dass mit Blick auf die nicht-idealen Bedingungen auch eine Korrektur bestehender Verhältnisse vorgenommen wird. Wenn etwa die Gerechtigkeitsprinzipien in einem Justizsystem so festgelegt wurden, dass die besonderen Bedürfnisse diskriminierter Gruppen nicht berücksichtigt wurden, muss dies korrigiert werden. Für diese Gruppen muss dann unter Umständen eine ausgleichende Massnahme vorgesehen werden. Das heisst natürlich, dass das Prinzip der Gleichbehandlung dann auszudifferenzieren ist: Erst wenn die faktisch vorhandene Ungleichheit durch eine besondere Massnahme ausgeglichen wird, wird diesem Prinzip Genüge getan. Ähnliches gilt für das universitäre System: Wenn einzelne Gruppen nur einen eingeschränkten Zugang zu diesem System haben oder wenn sie aufgrund ihrer sozialen Situation daran gehindert werden, die erforderlichen akademischen Leistungen zu erbringen, müssen die Kriterien zur Auswahl des akademischen Personals ausdifferenziert werden. Es muss dann präzisiert werden, welche Leistungen angesichts der jeweiligen Situation erwartet werden dürfen, gegebenenfalls müssen auch besondere Förderformate entwickelt werden, die es benachteiligten Individuen ermöglichen, die geforderten Leistungen zu erbringen. Auch in diesem Fall ist dann eine ausgleichende Massnahme angemessen.

Die beiden Beispiele betreffen natürlich nur ausgewählte Bereiche einer Gesellschaft. Eine nicht-ideale Theorie setzt häufig bei ihnen an, wie etwa die neueren Debatten zur Chancengleichheit zeigen, bleibt aber nicht bei ihnen stehen. Sie beschränkt sich nämlich nicht darauf, in einzelnen sozialen Subsystemen die nicht-idealen Bedingungen zu benennen. Sie zielt grundsätzlich darauf ab, diese Bedingungen zu berücksichtigen, wenn es darum geht, ein Ideal festzulegen und die Mittel zur dessen Erreichung zu bestimmen. Daher ist sie in methodischer Hinsicht umfassend zu verstehen: Jedes Ideal sollte unter Berücksichtigung von konkreten nicht-idealen Rahmenbedingungen bestimmt werden.

Verfolgt man diesen Ansatz, wird nicht nur deutlich, welche nicht-idealen Bedingungen jeweils vorliegen und wie sie die soziale Praxis prägen. Es wird dann auch sichtbar, an welcher Stelle eine Korrektur der bestehenden Praxis erforderlich ist, um ein bestimmtes Ideal zu erreichen, und erarbeitet konkrete Veränderungsvorschläge (etwa in Form von Massnahmen für einen Chancenausgleich). Sie begnügt sich nicht mit der Formulierung allgemeiner Prinzipien, sondern bricht diese

Prinzipien gleichsam auf die Ebene einer bestehenden Gesellschaft herunter und schlägt kontextbezogene Massnahmen vor, um bestehende Ungleichheiten auszugleichen. Kurzum: Eine nicht-ideale Theorie berücksichtigt stets das spezifisch Nichtideale.

Schluss: eine Erneuerung der Utopien

Dies führt mich zu Frau Piepers kritischer Bewertung der Utopien zurück. Ich habe zu Beginn betont, dass sie Utopien nicht gänzlich verwerfen, sondern durch Realutopien ersetzen wollte. Wie könnte man dies nun verstehen? Vielleicht könnte man sagen, dass ideale Theorien durch nicht-ideale Theorien ersetzt werden sollten. Nicht-ideale Theorien betonen nämlich genau das, was auch Frau Pieper wichtig war: Stets müssen die konkreten Institutionen und die konkreten Individuen in einer bestehenden Gesellschaft beachtet werden. Es muss auch berücksichtigt werden, dass zwischen dem Gesamtziel einer Gesellschaft und dem Ziel der einzelnen Individuen häufig eine Spannung besteht. Aufgrund ihrer sozialen Herkunft, ihrer ethnischen Zugehörigkeit, ihres Geschlechts oder auch ihrer Biografie haben einzelne Individuen manchmal gar nicht das Ziel, das in den klassischen Utopien für sie vorgesehen ist. So ist es für sie nicht erstrebenswert, jene intellektuellen Fähigkeiten und Tugenden zu erwerben, die angeblich einen allgemein gültigen Charakter haben, sich bei näherer Betrachtung aber als genau jene Fähigkeiten und Tugenden herausstellen, die für die Mitglieder einer bestimmten Gesellschaftsgruppe (z. B. für weisse, männliche Angehörige der gebildeten Mittelschicht) relevant sind. Das Ziel, diese Fähigkeiten und Tugenden zu erwerben, ist gar nicht das Ziel der benachteiligten Individuen, sondern ein ihnen fremdes Ziel, das ungeachtet ihrer Situation festgelegt wurde. Daher wollen sie dieses Ziel nicht anstreben, aufgrund bestehender sozialer Mechanismen können sie es vielleicht auch nicht anstreben.

Eine Gesellschaftstheorie, die von den jeweiligen Individuen absieht und davon ausgeht, dass sich alle Individuen in gleicher Weise in die perfekte Gesellschaft einfügen und in ihr aufgehen, ist nicht nur unrealistisch, sondern auch irreführend. Sie missachtet nämlich, dass unterschiedliche Individuen aufgrund ihrer Herkunft, ihres Geschlechts und ihrer Sozialisation ganz unterschiedliche Bedürfnisse haben, darunter auch solche, die in einer idealen Theorie gar nicht in den Blick genommen werden. Sie unterschlägt auch, dass sich selbst in der am besten konzipierten Gesellschaft Institutionen etablieren, die einige Gruppen privilegiert behandeln und andere benachteiligen. Daher müssen von Anfang an die nicht-idealen Rahmenbedingungen berücksichtigt werden. Die ideale Gesellschaft muss dann mit Blick auf diese Bedingungen beschrieben werden, das Bild dieser Gesellschaft muss dann auch immer wieder angepasst und verändert werden. Zudem muss deutlich gemacht werden, wie einzelne Individuen aufgrund diskriminierender Verhaltensmuster sich in dieser Gesellschaft überhaupt entfalten können und wie Diskriminierungen beseitigt werden sollten. Kurz gesagt: Die Utopie ist mit Blick auf reale Bedingungen zu entwerfen. Sie muss daher eine *Realutopie* sein.

Eine Realutopie unterscheidet sich von einer klassischen Utopie ganz entscheidend dadurch, dass sie unterschiedliche Individuen mit unterschiedlichen Bedürfnissen in den Blick nimmt und dadurch die Annahme zurückweist, es gebe überall die gleichen Bedürfnisse und Ziele. Ein weiterer Unterschied besteht darin, dass eine Realutopie von sozial eingebetteten Individuen ausgeht, d. h. auch von sozial eingeschränkten oder gar benachteiligten Individuen. Dadurch kann sie einem Aspekt gerecht werden, den Frau Pieper betont hat, nämlich dem Aspekt der *Freiheit.* Wie bereits erwähnt, bleibt in einer klassischen Utopie unerklärt, wie einzelne Individuen überhaupt die Freiheit haben können, nicht das Gesamtziel der perfekten Gesellschaft anzustreben und sich nicht in diese Gesellschaft einzufügen. Es bleibt sogar unerklärt, warum sie überhaupt erwägen sollten, sich nicht in die perfekte Gesellschaft einzugliedern. Warum sollten sie sich gegen das entscheiden, was angeblich ihrer eigenen Natur entspricht? Und auf welcher Grundlage könnten sie sich dagegen entscheiden?

Genau hier bietet eine nicht-ideale Theorie einen Erklärungsansatz. Erstens macht sie deutlich, warum sich einzelne Individuen nicht in die angeblich perfekte Gesellschaft eingliedern wollen. Aus ihrer Sicht ist diese Gesellschaft nämlich gar nicht erstrebenswert, wenn sie nicht auf ihre Bedürfnisse in ihren konkreten sozialen Verhältnissen eingeht. Daher haben sie einen guten Grund, gegen diese Gesellschaft aufzubegehren. Zweitens kann eine nicht-ideale Theorie auch erklären, worin die besondere Freiheit dieser Individuen besteht. Sie liegt darin, dass sie sich angesichts ihrer Bedürfnisse eigene Ziele setzen und die ihnen zugewiesenen Ziele ablehnen. Als freie Individuen artikulieren sie die Kluft zwischen diesen zwei Arten von Zielen. Zudem artikulieren sie die Forderung, dass diese Kluft aufgehoben wird: Die Gesellschaft muss ihren Bedürfnissen Rechnung tragen, auf ihre konkreten sozialen Verhältnisse eingehen und die von ihnen selbst definierten Ziele ernst nehmen. Es muss daher eine *pluralistische* Definition von Zielen geben – ganz anders als in den klassischen Utopien, in denen unterschiedslos für alle Individuen die gleichen Ziele festgelegt wurden.

Damit gehe ich natürlich weit über Frau Piepers Skizze aus dem Jahr 1998 hinaus, in der die Struktur einer Realutopie nur angedeutet wurde. Ich hoffe aber, es ist deutlich geworden, dass ihre kritische Auseinandersetzung mit utopischen Gesellschaftsentwürfen auch heute noch relevant ist. Das Scheitern dieser Entwürfe sollte nicht dazu führen, dass Utopien völlig verabschiedet und als obsolet bezeichnet werden. Es sollte vielmehr eine kritische Reflexion über klassische Utopien auslösen und dazu anregen, dass neue Utopien entworfen werden, die von Anfang an nicht-ideale Bedingungen berücksichtigen.

Bibliografie

Hänel, Hilkje C./Müller, Johanna M. (Hg.): The Routledge Handbook of Non-Ideal Theory, London 2024.

Lepold, Kristina/Martinez Mateo, Marina (Hg.): Critical Philosophy of Race, Berlin 2021.

Mills, Charles W.: «‹Ideal Theory› as Ideology», in: Hypatia 20 (3), 2005, S. 165–184.

Pieper, Annemarie: «Utopische Glücksentwürfe», in: Schummer, Joachim (Hg.): Glück und Ethik, Würzburg 1998, S. 69–91.

Rawls, John: A Theory of Justice, Cambridge 1971 (dt. Eine Theorie der Gerechtigkeit, Frankfurt a. M. 1979).

Stemplowska, Zofia/Swift, Adam: «Ideal and Nonideal Theory», in: Estlund, D. (Hg.): The Oxford Handbook of Political Philosophy, Oxford 2012, S. 373–390.

Thompson, Christopher: «Ideal and Nonideal Theory in Political Philosophy», in: Thompson, William (Hg.): Oxford Research Encyclopedia of Politics, Oxford 2020, verfügbar unter: https://doi.org/10.1093/acrefore/9780190228637.013.1383 [14.01.25].

Valentini, Laura: «Ideal vs. Non-Ideal Theory: A Conceptual Map», in: Philosophy Compass 7 (9), 2012, S. 654–664.

Feminismus

Feministisches Denken als Erfahrung

Katrin Meyer

Es war aus traurigem Anlass, dass sich im Oktober 2024 ein zahlreiches Publikum an der Universität Basel versammelte, um in einer Gedenkfeier Annemarie Piepers Persönlichkeit und Wirken zu würdigen. Ich bin froh und dankbar, dass ich Annemarie Pieper in diesem Kontext gedenken durfte und ihr mit diesem Beitrag dafür danken kann, was sie für meinen Weg in die Philosophie bedeutet hat.

Annemarie Pieper war meine Doktormutter, ich habe bei ihr über Friedrich Nietzsche promoviert, war ihre Assistentin am Philosophischen Seminar der Universität Basel und habe als wissenschaftliche Mitarbeiterin an der Kritischen Gesamtausgabe von Nietzsches Briefen aus der Basler Zeit, die unter ihrer Leitung stand, mitgewirkt. Als ich im Frühlingssemester 1982 in Basel mein Philosophiestudium begann, belegte ich Veranstaltungen bei «Frau Professor Pieper» und ihrer Assistentin Monika Riedinger. Ich wusste damals als junge Frau nicht, dass ich unter aussergewöhnlichen Bedingungen studierte. Annemarie Pieper war ein Semester zuvor als erste Frau auf dieser Stelle nach Basel auf die Professur in Philosophie berufen worden und nahm ihre damalige Assistentin mit in die Schweiz. Auch Olga Rubitschon unterrichtete zu dieser Zeit als Lehrbeauftragte am Philosophischen Seminar. Ich studierte also fast ausschliesslich bei Frauen, wobei ich dem damals, wie gesagt, keine Bedeutung beimass. Gab es nicht auch am Gymnasium mindestens so viele Lehrerinnen wie Lehrer, Schülerinnen wie Schüler? Wissenschaft und Bildung standen offen für alle, das Denken hatte kein Geschlecht.

Diese Haltung vertrat auch Annemarie Pieper uns Studierenden gegenüber. Zwar war sie sich sehr wohl bewusst, als Philosoph*in* und Professor*in* eine Ausnahme im patriarchalen akademischen Betrieb zu sein – davon zeugen viele ihrer Erinnerungen, die sie schriftlich und mündlich weitergegeben hat. Auf der Ebene der Theorie aber hatte die Geschlechterdifferenz für sie anfänglich keine Bedeutung. Ich erinnere mich an ihre Worte in einem Seminar zu Beginn der 1980er-Jahre, als sie aufmüpfige feministische Studentinnen daran erinnerte: «Die Vernunft hat kein Geschlecht.» Ich verstand das damals als eine Einladung an uns Studentinnen, uns in der Philosophie willkommen zu sehen, *indem* wir Geschlecht und Geschlechterdifferenz im Philosophiestudium ausklammern. Und so war es von Annemarie Pieper wohl auch gemeint: es bedeutete eine Ermächtigung und eine Einladung an die weiblichen Studierenden.

Doch wie wir alle wissen, hat Annemarie Pieper ihr Vertrauen in die geschlechtslose Philosophie in den kommenden Jahren zunehmend verloren und die Geltung und Reichweite des scheinbar geschlechtsneutralen Denkens infrage gestellt. Diese Verschiebung zeigt sich deutlich an Piepers Zugang zur praktischen Philosophie: 1985 erscheint ihr Werk *Ethik und Moral. Eine Einführung in die praktische Philosophie.* In diesem Einführungsband mit Anspruch auf umfassende Breite der Darstellung kommt die feministische Ethik noch nicht vor. Ganz anders dann in den Werken der 1990er-Jahre. 1993 erscheint das Buch *Aufstand des stillgelegten Geschlechts. Einführung in die feministische Ethik* und 1998 das Buch *Gibt es eine feministische Ethik?*, das als Studienbuch konzipiert war. Mit grosser Klarheit – einem für Annemarie Piepers Denk-, Lehr- und Schreibstil ganz wichtigen Merkmal – hat sie in diesen

Büchern den damaligen Stand der feministischen Ethik aufgearbeitet und einem breiteren Publikum nahegebracht (vgl. dazu auch die ausführliche Darstellung im Beitrag von Patricia Purtschert in diesem Band).

Zwar findet sich auch in der feministischen Ethik von Annemarie Pieper immer noch der Satz, dass die Vernunft geschlechtsneutral sei, oder, wie es im Text *Stiefkind Sinnlichkeit* von 1994 heisst: «Vernunft ist weder männlich noch weiblich.»[1] Nun gibt es aber einen wichtigen Zusatz. Die Vernunft ist nicht *per se* geschlechtsneutral, sondern muss als solche erst entwickelt werden. Das, in Piepers Worten, «Allgemeinmenschliche» der Vernunft ist erst noch zu gewinnen. So schreibt sie in *Gibt es eine feministische Ethik?*: «Es kann ja nicht darum gehen, das ‹Allgemeinmenschliche› einfach als Summe aus der Addition von Männlich und Weiblich aufzufassen, denn das Verbindende ist nicht etwas, das man deskriptiv umschreiben kann, sondern etwas, das es durch gemeinsame Anstrengungen allererst zu finden, ja zu erfinden gilt.»[2] Das Gemeinsame entsteht also erst in der Suche danach.

Wie kommt es zu diesem wichtigen Zusatz, der in Kürze umschreibt, was Annemarie Piepers Hinwendung zur feministischen Philosophie und Ethik antreibt? Dem möchte ich nun etwa genauer nachgehen. Dabei kommt dem Konzept der «Erfahrung» eine wichtige Bedeutung zu.

In der feministischen Theorie galt «Erfahrung» vor allem in den 1970er- und 1980er-Jahren als einer der Schlüsselbegriffe, um zu verstehen, wie sich feministisches Bewusstsein herausbildet. Der Prozess des sogenannten feministischen *consciousness raising* – also der Bewusstwerdung – fand im Kollektiv statt, wenn sich Frauen in Gesprächsgruppen über

1 Pieper 1994, S. 239.

2 Pieper 1998, S. 72.

ihre Erfahrungen austauschten. Es konnten Erfahrungen sexualisierter und rassistischer Gewalt sein, Erfahrungen der Abwertung und Diskriminierung, aber auch Erfahrungen mütterlicher Macht und Autorität. Entscheidend dabei war die Erkenntnis, dass die persönlichen Erfahrungen nicht individuell und privat sind, sondern eine strukturelle Dimension haben, insofern sie von anderen Frauen geteilt werden. In den Erfahrungen wurden gesellschaftliche Verhältnisse manifest – das Private erwies sich als «politisch» und liess sich politisieren. Dabei galt Erfahrung nicht einfach als gegebenes Faktum, sondern als ein immer schon interpretiertes und gesellschaftlich strukturiertes Phänomen.

Auch Annemarie Pieper hat in ihren Texten und Gesprächen immer wieder Erfahrungen thematisiert, die sie als Frau – als Studentin, Doktorandin, Professorin – gemacht hat, und ihre autobiografischen Dokumente sind reich an Verweisen auf subtile, aber auch manifeste Diskriminierungserfahrungen. So erwähnt sie in einem späten Interview unter anderem, dass es wohl wegen ihres Geschlechts war, dass sie in den 1970er-Jahren während beinahe zehn Jahren nicht auf eine Professur berufen wurde.[3] Zugleich waren dies Erfahrungen, die sich schwer mit anderen Frauen teilen liessen, da der entscheidende Punkt darin liegt, dass Annemarie Pieper als Professorin und Philosophin in vielen Bereichen die *erste* oder *ein-*

3 Vgl. Philosophie im Gespräch – Annemarie Pieper zu Gast bei Siegfried Reusch, Oktober 2019, verfügbar unter: https://duckduckgo.com/?q=annemarie+pieper+youtube&t=newext&atb=v255-1&iax=videos&iai=https%3A%2F%2Fwww.youtube.com%2Fwatch%3Fv%3DSnGfnmKt6bg&ia=videos; (abgerufen am 18. Mai 2025); vgl. auch die Hinweise in Piepers Text *Umwege zur Philosophie*, 1996, S. 119.

zige Frau war und blieb.[4] Der Weg des feministischen *consciousness raising*, den Annemarie Pieper eingeschlagen hat, musste also allein gegangen werden – zumindest vordergründig. Denn tatsächlich fand er in Form eines *virtuellen* Gesprächs mit Philosophinnen statt, das nicht zuletzt durch eine junge Generation von Studierenden, Hilfsassistentinnen und Assistentinnen am Philosophischen Seminar, u. a. Ariane Bürgin und Brigitte Hilmer, angestossen wurde, die sich Anfang der 1990er-Jahre für die Sichtbarmachung der neu entstehenden feministischen Philosophie in Lehre und Forschung einsetzten.[5] Im Zentrum dieses virtuellen Gesprächs standen nicht soziale Erfahrungen, sondern Erfahrungen des Denkens und Sprechens.

Seit den 1970er-Jahren entwickelte sich vor allem in den USA und Europa eine *scientific community* von philosophierenden Frauen, die in gewisser Weise die Funktion der feministischen *consciousness raising-groups* im Feld der Philosophie übernahmen und auf eine theoretische und systematische Ebene hoben. Ausgehend von der Erfahrung, *als* Frauen im Kanon

---

4 Wie bedeutsam vor diesem Hintergrund Annemarie Piepers Begegnung mit der Schweizer Philosophin Jeanne Hersch im Jahr 1990 war, zeigt Patricia Purtschert in ihrem Beitrag in diesem Band und erinnert damit an ein vergessenes Ereignis, das als «historischer Moment für die Geschichte der Universität Basel, für die Geschlechtergeschichte der Schweizer Universitäten und für die feministische Philosophie» gelten kann (ebd.).

5 Vgl. Pieper 1996, S. 121: «Auf Drängen meiner Studentinnen wandte ich mich Anfang der Neunziger Jahre der feministischen Philosophie zu, zuerst eher skeptisch – gemäss der Devise: Die Vernunft ist weder männlich noch weiblich –, dann zunehmend gefesselt von den auf einem sehr hohen intellektuellen Niveau ausgetragenen Auseinandersetzungen zwischen führenden amerikanischen und französischen Philosophinnen.»

der Philosophie nicht mitgedacht zu sein, wurden die klassischen Autoren von Platon bis John Rawls einem feministischen *re-reading* unterzogen. 1974 erschien Luce Irigarays *Speculum*, 1982 Carole Gilligans *Die andere Stimme* – beides Werke, die für Annemarie Pieper sehr wichtig waren.

Dass Frauen – und insbesondere auch philosophierenden Frauen – in der Geschichte der Philosophie kein Platz eingeräumt wurde, ist eine der zentralen Einsichten, die Annemarie Pieper in ihren Büchern materialreich belegt und kritisiert hat (zu den Grenzen ihrer Kritik vgl. auch den Beitrag von Markus Wild in diesem Band). Frauen kommen nicht vor und sie sind auch dann nicht mitgemeint, wenn von Menschen allgemein gesprochen wird. Diese Entdeckung und die Empörung darüber schwingen noch nach im Titel des Buchs *Aufstand des stillgelegten Geschlechts.*

Dass sie ausgeschlossen und «stillgelegt» ist, merkt jede Leserin bei der Lektüre philosophischer Werke spätestens dann, wenn nach Hunderten von Seiten nicht mehr vom «Menschen» die Rede ist, sondern von «Frauen», die – wie es etwa Jean-Jacques Rousseau oder Immanuel Kant wortreich belegen –, als defizitär, begrenzt oder andersartig konstruiert und nachträglich aus dem scheinbar geschlechtsneutralen Begriff des «Menschen» ausgeschlossen werden. Es ist diese Erfahrung, die Simone de Beauvoir 1949 in ihrem Buch *Das andere Geschlecht* als Erkenntnis beschreibt, *als* Frau das Negative und Relative zum Mann zu sein, der das Allgemeine, und das heisst: den Menschen, verkörpert.[6]

---

6 Beauvoir 2019, 11 f. Ein Echo dieser Erkenntnis findet sich auch in einer Fussnote in Piepers Aufsatz *Stiefkind Sinnlichkeit.* Dort bezeichnet sie Kierkegaards pseudonyme Verfasser, Nietzsches Zarathustra und Camus' Sisyphos als Individuen, die exemplarisch seien für die existenzphilosophische Suche nach der Mitte zwischen Sinn-

Feministisches Denken erwächst aus der Reflexion auf solche Erfahrungen diskursiver und begrifflicher Auslöschung. Wir können sie mit der Philosophin Clare Hemmings als Erfahrung einer «affektiven Dissonanz» beschreiben, die entsteht, wenn sich ein Widerspruch ergibt zwischen der Welt und dem Ich – zwischen allgemeinen Sichtweisen und persönlichen Gefühlen, für die es noch keine Erklärung und keinen Begriff gibt.[7] Annemarie Pieper verweist selbst auf eine solche Dissonanzerfahrung in ihrem Text «Umwege zur Philosophie», in dem sie ihr Verhältnis zur Philosophie erwähnt, das sich nach der Lektüre feministischer Texte verändert habe: «Ich begann zu ahnen, dass all die Schwierigkeiten, die ich seit jeher mit der Philosophie gehabt hatte, auch etwas mit deren ‹Logozentrismus› und ‹Androzentrismus› zu tun hatten.»[8] Piepers Hinweis auf den Beginn einer «Ahnung» beschreibt exakt den Moment, in dem sich eine Erfahrung, die begrifflich noch nicht durchdrungen und erfasst ist und für die (noch) die Worte fehlen, zu einem Bewusstsein entwickelt, das den systematischen Bedingungen der Erfahrung auf den Grund geht und dafür Begriffe findet. Diese Begriffe sind «Androzentrismus» und «Logozentrismus»: Die klassische Philosophie ist in ihrem Gehalt androzentrisch, weil sie sich ausschliesslich an männlichen Erfahrungen ausrichtet, und sie ist logozentrisch,

---

lichkeit und Vernunft, und merkt an: «Natürlich handelt es sich bei diesen exemplarischen Figuren um lauter Männergestalten, weil offenbar mit der Wahl einer Frauengestalt eine zu weit gehende Feminisierung des praktischen Selbstverhältnisses präjudiziert zu sein scheint.» (Pieper 1994, S. 245). Das bedeutet mit anderen Worten, dass Frauen das Allgemeine nicht repräsentieren können, weil sie immer die Besonderheit des Geschlechts verkörpern.

7 Hemmings 2012.

8 Pieper 1996, S. 121.

weil sich Wissen, Vernunft und Sprache am Prinzip der Identität und Gleichheit orientieren. Differenz – und damit auch die Geschlechterdifferenz – lässt sich in diesem Rahmen nicht als gleichwertiges Prinzip denken. Nicht ohne Spott verweist Pieper auf die Recherche der Philosophin Elisabeth List, die Anfang der 1980er-Jahre im Brockhaus-Lexikon einen längeren Artikel zu «Frau» findet, aber nur zwei kleine Einträge zu «Mann»: «einen über Thomas Mann und einen über Heinrich Mann».[9]

Wenn Affekte, wie die feministische Philosophin Sara Ahmed schreibt, springen können und Menschen anstecken und untereinander verbinden, dann mag es nicht erstaunen, dass auch ich in meiner Studienzeit durch viele affektive Dissonanzen geprägt war, die sich mit Annemarie Pieper und ihrer spannungsvollen Position als Philosophin und Professorin verbanden. So erinnere ich mich lebhaft an das Büro von Annemarie Pieper im ersten Stock des Philosophischen Seminars, das damals noch am Nadelberg war. Das Büro war ausgestattet mit barocken Sesseln mit Goldrand und grünen[10] Samtbezügen, in die Annemarie Pieper uns Studierende in einer Sprechstunde jeweils mit freundlicher Geste zur Platznahme einlud.

Das schwere Mobiliar präsentierte sich als idealer Hintergrund für die Inszenierung professoraler feudaler Macht. Doch, wie alle wissen, die sie gekannt haben: Nichts hätte dem Selbstverständnis von Annemarie Pieper fremder sein können als ein solcher Gestus alttradierter Autorität. Eine Sprechstunde in diesen barocken Räumen war für mich als junge Studen-

9 Pieper 1993, S. 10.

10 In meiner Erinnerung sind die Samtbezüge im Philosophischen Seminar altrosa, und so habe ich es in meinem Vortrag auch gesagt. Ich wurde an der Gedenkveranstaltung in Basel aber darauf hingewiesen, dass sie grün waren.

tin in den 1980er-Jahren denn auch nie frei von Brechungen und Ironien. Ich hatte ein anderes Bild von Annemarie Pieper, sie verkörperte für mich eine andere Form akademischer Autorität und ich konnte sie in diesem Interieur nicht wirklich verorten. Noch wusste ich allerdings nicht, ob ich über diese Nicht-Entsprechung enttäuscht oder erfreut sein sollte.

Aus heutiger Sicht habe ich den Eindruck, auch Annemarie Pieper wollte oder konnte sich in diesen Räumen symbolisch und physisch nicht bruchlos niederlassen. So interpretiere ich zumindest die Tatsache, dass ihr Schreib- und Denkort nicht am Nadelberg, sondern in ihrem Zuhause in Rheinfelden war. Das mag konkrete praktische Gründe gehabt haben – das Philosophische Seminar war laut und damals schlecht gegen Lärm isoliert –, dennoch könnte dieses Beispiel illustrieren, was es heisst, von der «Ortlosigkeit» weiblichen Denkens auszugehen, wie Pieper mit Bezug auf Luce Irigaray schreibt,[11] – einer Ortlosigkeit, die sich der feministischen Reflexion durch zahlreiche affektive Erfahrungen erschliesst und die sich vielleicht in so trivialen Dingen wie der Verortung oder Nicht-Verortung in physischen Räumen manifestiert.

Doch anders als Luce Irigaray, die nach Piepers Lesart die Ortlosigkeit überwinden und den «Ort des Weiblichen» wiederfinden will,[12] ist Ortlosigkeit für Annemarie Pieper nicht primär negativ besetzt. Das Ortlose – griechisch: *ou-topos* – bezeichnet sie vielmehr als Merkmal eines Denkens, das beweglich bleibt und das zwischen Allgemeinem und Besonderem, Abstraktem und Sinnlichem vermitteln kann, weil es nicht fixiert und festgestellt ist. Es ist die Ermöglichungsbedingung denkerischer Freiheit. «Der Weg zu einer nicht-androzentrischen, postfeministischen Ethik führt über die Utopie»,

11 Pieper 1993, S. 41.

12 Ebd. S. 41.

schreibt Pieper in *Gibt es eine feministische Ethik?*.[13] Das ortlose, das utopische Denken scheint also eine Möglichkeit zu sein, um der Aufgabe der feministischen Philosophie nachzukommen, die ich eingangs genannt habe: der Aufgabe, das Allgemeinmenschliche der Vernunft, das in Piepers Worten Männer und Frauen – und heute würden wir sagen: alle Geschlechter – verbindet, «durch gemeinsame Anstrengungen allererst zu finden, ja zu erfinden».[14]

Diese Aufgabe einer, wie es in *Stiefkind Sinnlichkeit* heisst, «Aufwertung der Sinnlichkeit und der Vermittlung von Allgemeinem und Besonderen»[15] ist mit der freien Wahl von Denk- und Arbeitsorten natürlich nicht geleistet. Die Anstrengung, eine allgemeinmenschliche Vernunft zu *erfinden*, verstrickt sich in eine Auseinandersetzung mit androzentrischen, eurozentrischen, heteronormativen Denk- und Sprachstrukturen und Perspektiven auf die Welt, die so tief in die philosophische Tradition eingewoben sind, dass es nicht einfach ist, sich davon zu lösen. Umso mehr muss feministisches Denken die Erfahrung der eigenen Ortlosigkeit suchen, erkennen und als Beweglichkeit des Denkens bewahren. So könnten wir vielleicht Annemarie Piepers Verständnis des Utopischen zusammenfassen. Sich der Feststellung und Fixierung zu entziehen, wäre demnach gleichermassen Erfahrung *und* unermüdliche Aufgabe feministischen Denkens.

In den Texten der 1990er-Jahre hat Annemarie Pieper diese Aufgabe der feministischen Philosophie programmatisch entwickelt. Ab den 2000er-Jahren rücken dann andere Themen in den Vordergrund ihres Schaffens. Für mich bleibt es eine offene Frage, warum sie ihr feministisches Projekt in den spä-

13 Pieper 1998, S. 127.

14 Ebd. S. 72.

15 Pieper 1994, S. 239.

teren Jahren nicht mehr systematisch weiterverfolgt hat.[16] Hatte sie den Eindruck, bis zum Zeitpunkt ihrer Emeritierung alles gesagt und getan zu haben, um der feministischen Theoriebildung in der Akademie den Weg zu bereiten? Und tatsächlich war sie ja auch als Präsidentin einer fakultären Kommission an der Institutionalisierung der Gender Studies in Basel namhaft beteiligt, die 2001 mit der Professur von Andrea Maihofer besetzt wurde. Oder könnte es sein, dass sie ihre spätere Hinwendung zu einem Wirken ausserhalb der Akademie als konsequente Weiterführung ihres Anliegens sah, zwischen dem Abstrakten und Sinnlichen die, wie sie schreibt, «bewegliche Mitte» zu suchen, die das Leben, die der Mensch in seinem Sein, *«ist»*[17]– einer Mitte also, die Annemarie Piepers eigenem Anspruch nach einem «post-feministischen» Denken und Leben entspricht, wie sie es in *Gibt es eine feministische Ethik?*[18] einforderte?

Das alles mag wahr sein – aber etwas Wichtiges blieb bis jetzt noch ungesagt. Annemarie Pieper war zwanzig Jahre lang Hochschullehrerin und sie hat an der Universität Basel unzählige Studierende geprägt. Was ich von ihr gelernt habe, in einer Zeit in den 1980er-Jahren, als sie sich noch nicht explizit mit der feministischen Philosophie beschäftigt hatte, das ist etwas Grundlegendes: philosophisches Denken lebt und erwächst aus der Auseinandersetzung mit Texten – und das gilt auch für die feministische Philosophie. Diese Hochschätzung philosophischer Texte und ihrer Überlieferung zeigt sich in Annemarie

---

16 Es gab allerdings auch nach 2000 noch vereinzelte Publikationen mit Bezug zu feministischen und geschlechtertheoretischen Themen. Ich danke Hubert Thüring für den Hinweis auf einen Text von Annemarie Pieper zu «Nietzsche und die Geschlechterfrage» von 2012.

17 Pieper 1994, S. 245.

18 Pieper 1998, S. 127.

Piepers Lehre, ihrem Denken, Schreiben und Wirken in Editionsprojekten. Sie hat selbst zahlreiche Bücher verfasst und immer ist in ihnen diese Wertschätzung spürbar, die sie den Texten anderer Philosophinnen und Philosophen zollt, indem sie auf sie Bezug nimmt, sie zitiert und tradiert. Ich bin geneigt, diese grundsätzliche Haltung der Wertschätzung und des Respekts, die sich nicht nur auf Texte, sondern auch auf uns Studierende bezog, feministisch zu nennen. Doch wie auch immer wir es nennen, ich bin Annemarie Pieper dankbar für diese Erfahrung, die mir die Philosophie erschlossen hat und die es in ihrem Geist und künftig zu ihrem Gedenken an die nächste Generation von Studierenden weiterzugeben gilt.

Bibliografie

Beauvoir, Simone de: Das andere Geschlecht. Sitte und Sexus der Frau, übers. v. Uli Aumüller u. Grete Osterwald, Hamburg 2019. (Frz. Orig.: Le Deuxième Sexe, Paris 1949).

Hemmings, Clare: «Affective Solidarity: Feminist Reflexivity and Political Transformation», in: Feminist Theory 13/2, 2012, S. 147–161.

Pieper, Annemarie: Aufstand des stillgelegten Geschlechts. Einführung in die feministische Ethik, Freiburg/Basel/Wien 1993.

Pieper, Annemarie: «Stiefkind Sinnlichkeit. Zur Verdrängung des Besonderen durch das Allgemeine», in: Kolmer, Petra/Korten, Harald (Hg.): Grenzbestimmungen der Vernunft. Philosophische Beiträge zur Rationalitätsdebatte, Freiburg/München 1994, S. 231–252.

Pieper, Annemarie: «Umwege zur Philosophie», in: Hauskeller, Christine/Hauskeller, Michael (Hg.): «... was die Welt im Innersten zusammenhält». 34 Wege zur Philosophie, Hamburg 1996, S. 116–122.

Pieper, Annemarie: Ethik und Moral. Eine Einführung in die praktische Philosophie, München 1984.

Pieper, Annemarie: Gibt es eine feministische Ethik? München 1998.

Pieper, Annemarie: «Nietzsche und die Geschlechterfrage», in: Nietzscheforschung 19/1, 2012, S. 53–63. https://doi.org/10.1524/nifo.2012.0003.

Feminismus und Freiheit

Patricia Purtschert

Am 13. Juni 1990 tritt Annemarie Pieper in der Aula der Universität Basel ans Rednerpult und eröffnet das Symposium zu Ehren der Philosophin Jeanne Hersch, die wenige Wochen später ihren 80. Geburtstag feiern wird. Als Erstes entschuldigt sie sich bei der Jubilarin, dass sie nicht nur zur ihr, sondern auch über sie sprechen wird. Sie vermutet aber, «Sie werden es mit philosophischer Gelassenheit ertragen, als höchst lebendiges Subjekt zugleich zum Objekt dieses Symposium gemacht zu werden».[1] Es ist nicht schwer, sich das Schmunzeln von Jeanne Hersch vorzustellen, über diese Worte, die ihre doppelte Präsenz im Raum ansprechen, als Philosophin, die mitdenkt und später noch zu den Anwesenden sprechen wird, und als Gegenstand des Symposiums zu ihren Ehren. Annemarie Pieper wird das Wort zum Ende der Rede erneut an Jeanne Hersch richten und sich gemeinsam mit ihr als Frau in der Wissenschaft situieren. Davon aber später. Erst einmal charakterisiert und würdigt Annemarie Pieper das Denken von Jeanne Hersch auf eine Weise, in der sich, so scheint mir, auch ihre eigenen Vorstellungen von Philosophie spiegeln. Jeanne Herschs Werk, so Annemarie Pieper, drehe sich um das Menschliche und darum, dass menschliches Dasein von seiner Sterblichkeit und Verletzbarkeit gezeichnet sei.

> Dennoch zielen alle philosophischen Bemühungen Jeanne Herschs darauf ab, uns im Menschsein heimisch zu machen, uns

1 Pieper 1990, S. 9.

> mit den Bedingungen unseres Seins als Menschen so vertraut zu machen, dass wir sie nicht nur akzeptieren, sondern schliesslich sogar lieben können. Denn die Endlichkeit hat auch eine Kehrseite: die Freiheit.[2]

Die Entschiedenheit, sich dem menschlichen Leben unbeirrt und mit Passion zuzuwenden, hat auch Annemarie Piepers Arbeit als Philosophin geprägt. Mit der Frage, wie wir im Menschsein heimisch werden können, hat sie sich immer wieder auch an ein breites Publikum gewandt und dabei Themen aufgegriffen, die in der akademischen Philosophie wenig beliebt, für menschliches Leben aber entscheidend sind: etwa dem Glück.

Annemarie Pieper schliesst ihre Eröffnungsrede mit dem Verweis auf einen zweiten Jahrestag ab: Die Universität Basel feiere 1990 nicht nur Jeanne Herschs 80. Geburtstag, bemerkt sie, sondern auch hundert Jahre Frauenstudium. Und sie wendet sich dann folgendermassen an Jeanne Hersch:

> Der Weg, den die studierenden Frauen in diesen 100 Jahren beschritten haben, war beschwerlich, und wir – als ihre Erbinnen – haben es auch heute noch nicht leicht. Umso mehr sind wir auf eine Frau wie Sie angewiesen: als Vorbild und zur Ermutigung.[3]

Mit diesen Worten kehrt Annemarie Pieper die eingangs erstellte Szenografie des Gesprächs wieder um. Jeanne Hersch, die sie auch als Objekt des Symposiums vorgestellt hatte, wird wieder als Subjekt adressiert, zum Gegenüber erklärt, mit dem Annemarie Pieper die Erbschaft derjenigen Frauen teilt, die ihren Weg in der Wissenschaft auf aufwendige und mühevolle

2 Ebd., S. 10.

3 Pieper 1990, S. 15 f.

Weise finden mussten. Welche Erfahrungen und Überlegungen stecken in diesem Satz, den sie so sachlich in den Raum stellt: «und wir – als ihre Erbinnen – haben es auch heute noch nicht leicht»? Einige der Geschichten, die darin mitschwingen, kennen wir Schülerinnen von Annemarie Pieper. Sie hat sie, in Seminarsitzungen oder Sprechstunden erzählt, manchmal von Kopfschütteln, manchmal von einem lauten Lachen, ab und zu auch von derben Flüchen begleitet. Der unverdeckte Sexismus vieler dieser Geschichten war für uns Zuhörerinnen schwer verdaubar. Im Gespräch mit Siegfried Reusch im Jahre 2019 erzählt Annemarie Pieper eine dieser Geschichten: sie sei von Studierenden darauf hingewiesen worden, dass ein bekannter Philosoph seitenlange Passagen aus ihrer 1985 erschienen *Einführung in die Ethik* abgeschrieben habe – ohne ihren Namen zu nennen. «Und dann hat mein damaliger Assistent gefragt, warum er das nicht kenntlich gemacht habe. Da hat er gesagt: ‹Frauen zitiert man doch nicht›.»[4] Annemarie Pieper fand zunehmend glasklare Worte für solche misogynen Erfahrungen, die sie als Frau in einer durch und durch patriarchal geprägten Philosophie machen musste. Es war ihr jeweils anzusehen, wenn sie davon sprach, wie sehr die irrationale Bevorzugung von Männern und männlichen Sichtweisen für sie, die Vernunft und Urteilskraft so sehr schätzte und liebte, eine Zumutung darstellte, die sie je länger desto weniger zu ertragen bereit war. Wenige Jahre nach dem Symposium für Jeanne Hersch veröffentlichte sie ihr erstes Buch zur feministischen Ethik, *Aufstand des stillgelegten Geschlechts*, dem kurz darauf ein zweites folgte, *Gibt es eine feministische Ethik?*.[5]

---

4 h1 – Fernsehen aus Hannover, 9.10.2019, 48:37–51:09.

5 Pieper 1993; 1995.

Bevor ich auf ihre Beiträge zur feministischen Ethik eingehe, möchte ich nochmals zurückgehen zur eingangs erwähnten Szene: Die knapp 50-jährige Annemarie Pieper, bei ihrem Antritt 1981 die einzige Professorin der Universität Basel und erste Philosophieprofessorin dieser Universität, steht in der Aula und wendet sich an die dreissig Jahre ältere Jeanne Hersch im Publikum, zweite Philosophieprofessorin (und erste ordentliche) der Schweiz.[6] Annemarie Pieper eröffnete für die geschätzte Kollegin einen Denkraum und ehrte Jeanne Hersch als bedeutsame Denkerin, durch deren Arbeiten sich «gleichsam als roter Faden die Frage nach der Freiheit zieht».[7] Unter diesem Gesichtspunkt habe sie sich insbesondere immer wieder als Fürsprecherin der Menschenrechte in politische und gesellschaftliche Diskussionen eingebracht. Indem sie sie als Frau adressiert, die mit ihr eine schwierige Erbschaft teilt, zieht Annemarie Pieper zum Schluss ihrer Rede eine Traditionslinie, in die sie sich selbst und ihr Gegenüber stellt, eine Linie, die sie über hundert Jahre hinweg mit den Frauen verbindet, die sich den Zugang zur Universität, zum Studium, zur Forschung, zur Lehre, zu den ersten Professuren erkämpft hatten. Diese Linie ist nicht zu Ende, sie geht weiter, führt über den Moment hinaus in die Zukunft. Darauf deutet Annemarie Pieper hin, wenn sie sagt, wir seien auf Frauen wie Jeanne Hersch angewiesen, die Vorbild und Ermutigung sind. Was für ein historischer Moment, für die Geschichte der Universität Basel, für die Ge-

6 Jeanne Hersch wird fälschlicherweise oft als erste Philosophieprofessorin der Schweiz bezeichnet. Anna Tumarkin wurde 1909 Extraordinaria für Philosophie an der Universität Bern und ist damit die erste Philosophieprofessorin (Ludi 2021). Jeanne Hersch übernahm 1956 den Lehrstuhl für Systematische Philosophie der Universität Genf und wurde 1962 zur Ordinaria befördert (Hubler 2024).

7 Pieper 1990, S. 15.

schlechtergeschichte der Schweiz und für die feministische Philosophie!

Diesen Moment zu vergegenwärtigen ist wichtig, weil er eine Verbindung zur Freiheit aufweist, einer spezifisch vergeschlechtlichen Freiheit, die, das möchte ich in diesem Text darlegen, Annemarie Pieper als Philosophin gelebt und als Mentorin ermöglicht hat. Was die hier beschriebene Szene sichtbar macht, und darum ist sie beeindruckend, ist das Aufrufen und Herstellen einer Genealogie von Frauen an der Universität, die in der Regel unsichtbar bleibt, verdeckt, verschüttet, verstellt durch einen akademischen Alltag, der mit grosser Selbstverständlichkeit von einer patriarchalen Perspektive bestimmt war (und ist). Das zeigt sich nicht zuletzt in der erwähnten Rede, in der das Benennen und Verschweigen des akademischen Sexismus ineinandergreifen. Denn obwohl Annemarie Pieper Jeanne Hersch als Frau anspricht und sich zusammen mit ihr in die Geschichte der Kämpfe einreiht, die Frauen an der Universität führen müssen, bleibt diese Schlussbemerkung unbearbeitet im Raum stehen. Sie ist nicht Gegenstand der philosophischen Überlegungen in dieser Rede, die um einen Begriff des Menschen kreist, der kein Geschlecht zu haben scheint. Und sie werden in den abschliessenden Dankesworten von Jeanne Hersch, die sich auch explizit an Annemarie Pieper als Organisatorin des Symposiums und als Freundin richten, nicht aufgegriffen. Auch Jeanne Hersch spricht von einem Menschen, der in einer schwierigen Gegenwart situiert ist, scheinbar ohne vergeschlechtlicht zu sein.

Wenn ich vor dem Hintergrund dieser Szene, in der intergenerationale feministische Verbindungen gleichzeitig aufscheinen *und* verborgen bleiben, auf meine Zeit als Studentin in Basel zurückblicke, scheint mir, dass diese Linie für uns in genau dieser brüchigen und fragmentierten Form gegenwärtig war. Dass es aber zumindest die Ahnung einer solchen Linie gab, war für uns junge Studentinnen elementar. Wir sassen am Nadelberg in Seminarräumen, die bis unter die Decke voll bepackt waren mit Büchern, von denen fast alle aus der Feder von Männern stammten, und versuchten, unsere Stimme zu erheben. Es erwuchs eine eigentümliche Freiheit aus der Möglichkeit, sich auf eine Genealogie von Philosophinnen zu beziehen, die noch wenig sichtbar waren und dennoch spürbar ihren Platz einforderten. Und Annemarie Pieper hatte ihre ganz eigene Art, uns jungen Philosophinnen zu vermitteln, was es bedeutete, sich in diese Linie zu stellen.

Als ich im Herbstsemester 1994 das Studium der Philosophie an der Universität Basel aufnahm, hatte ich grosses Glück: im gleichen Jahr formierte sich eine kleine Gruppe engagierter Studentinnen (und einzelner Studenten, wir nannten sie unsere «Quotenmänner») in einem Lesezirkel namens «Die Philosophinnen». Wir trafen uns regelmässig abends zum Nachtessen, tranken Wein und Whiskey, diskutierten Schlüsseltexte der feministischen Philosophie und tauschten uns über den herausfordernden Alltag als Studentin der Philosophie aus. Unvergesslich, wie wir zuweilen jeden Satz mit den Worten «Wie Kant schon sagte…» begannen, egal, was danach folgte. Es war unsere Art, sich über die männlichen Kommilitonen lustig zu machen, die mithilfe solcher gespreizten Phrasen die Seminare dominierten und die Redezeit beanspruchten. Wir beschäftigten uns nicht nur mit Luce Irigarays Vorstellung der Mimesis, dieser Strategie der Subversion in einer symbolischen Ordnung, in der alles um das «männliche Eine» kreist (und die Irigaray darum als phallozentrisch beschreibt), wir praktizierten diese Mimesis in solchen Momenten auch. Wir nahmen rhetorische Positionen ein, in denen wir klangen wie der Philosoph, der wir nie sein konnten, und nährten uns dabei an eine mögliche Position als Philosophin an, die zugleich verschwommen und verheissungsvoll war. Hilfreich war auch, dass eine ältere Generation der gläsernen Decke des Nadelbergs bereits Risse versetzt hatte. Doktorandinnen und Assistentinnen wie Ariane Bürgin, Brigitte Hilmer oder Katrin Meyer liessen keinen Zweifel daran, dass die feministische Theorie zur Philosophie gehörte und etwas zu sagen hatte. Es war diese Generation, die Annemarie Pieper dazu aufgefordert hatte, Geschlechterdifferenz als philosophisches Thema ernst zu nehmen und zu bearbeiten (vgl. den Beitrag von Katrin Meyer in diesem Band). Von Barbara Bleisch auf ihre Auseinandersetzung mit der feministischen Philosophie angesprochen, erzählte Annemarie Pieper 2019:

> Also das war bei mir relativ spät. Ich bin [...] an der Universität männlich sozialisiert worden, weil es eigentlich ja nur Männer gab [...]. Und erst als ich in Basel war, als die ersten weiblichen Studenten [sic!] kamen und sagten, wir müssen uns mal damit beschäftigen, dann habe ich angefangen, Judith Butler zu lesen, Luce Irigaray und mir sind die Augen aufgegangen. Ich habe plötzlich verstanden, warum ich mit den klassischen Texten manchmal so Mühe hatte.[8]

Es war anfangs der 1990er-Jahre, als sich Annemarie Pieper explizit mit feministischer Philosophie auseinanderzusetzen begann. 1992 referierte sie an der Tagung «Geschlecht – Theorie – Fiktion», gemeinsam mit Sigrid Weigel, Cornelia Klinger oder Christina von Braun. Und sie wirkte im Wintersemester 1995 an der wegweisenden Ringvorlesung «Geschlechterdifferenz aus geistes- und naturwissenschaftlicher Sicht» mit. Später amtete sie als Präsidentin der Fachkommission, die die Erstellung eines Zentrums für Geschlechterforschung an der Universität Basel in die Wege leitete. 2001 wurde das Zentrum Gender Studies unter der Leitung der neu berufenen Professo-

8 SRF Sternstunde Philosophie 29.12.2019, 6:37–7:17.

rin Andrea Maihofer eröffnet. Damit begann eine neue Ära an der Universität Basel und in der Schweiz. Die Gender Studies hielten Einzug und wurden an verschiedenen Universitäten schrittweise aufgebaut, bald schon gefördert mit substanziellen Mitteln der Schweizerischen Universitätskonferenz. Annemarie Pieper hat diese Entwicklung nicht mehr institutionell begleitet. Sie liess sich im Alter von sechzig Jahren und in dem Jahr, in dem das Zentrum Gender Studies gegründet wurde, frühpensionieren und wandte sich fortan dem literarischen Schreiben und der öffentlichen Vermittlung von Philosophie zu.

In ihren Schriften zur feministischen Ethik thematisiert Annemarie Pieper vor allem zwei Aspekte: die androzentrische und als diese weitgehend unreflektierte Ausrichtung der Ethik. Und die Frage, wie eine Ethik aussehen könnte, die diesen Androzentrismus überwindet, indem sie einer «weiblichen» Perspektive Raum gibt und diese mit einer «männlich» geprägten Herangehensweise produktiv zusammendenkt. In *Aufstand des stillgelegten Geschlechts* rekonstruiert Annemarie Pieper den komplexen Stand der feministischen Philosophie. Sie zeigt, wie diese die biologische Festschreibung und Legitimierung der Geschlechterdifferenz infrage stellt und deutlich machen kann, dass viele vermeintlich natürliche Aspekte von Geschlecht sozial konstruiert, kulturell vermittelt und historisch wandelbar sind. Aber auch dasjenige, was als biologisches Fundament der Geschlechterdifferenz erachtet wird, *sex* im Unterschied zu *gender*, muss aus epistemologischen Gründen kontinuierlich befragt werden: denn die wissenschaftlichen Konzepte, die wir verwenden, um die Natur der Geschlechterdifferenz zu beschreiben, sind Produkte von Kultur. Annemarie Pieper weist dabei immer wieder auf die Asymmetrie hin, die die Geschlechterdifferenz kennzeichnet: es geht nicht um eine blosse Verschiedenheit von Frau und Mann, es geht darum, dass die

Frau das Geschlecht *per se* repräsentiert und darauf reduziert wird, während der Mann als von Geschlecht befreiter Mensch erscheinen und «im Namen eines geschlechtsunspezifischen Logos» agieren kann.[9] Die Geschichte dieses Logos rekonstruiert Annemarie Pieper als Metaphysik, die hierarchisch aufgebaut und auf eine (männliche) Identität bezogen ist. Ihr grosser Mangel bestehe darin, dass sie Differenz nicht denken kann, dass sie «nur einen genealogischen Einheitsbegriff kennt, der aufgrund seiner Selbstbezüglichkeit das Denken von Andersheit prinzipiell nicht zulässt und alles Differente aus sich ausschliesst».[10] Annemarie Pieper nimmt auf unterschiedliche Vorschläge feministischer Philosophinnen Bezug, die Differenz im Unterschied dazu denkbar und aushaltbar machen. Für diese Aufgabe erachtet sie den Rückgriff auf die Tradition als wertvoll, auf Heraklits Denken der Analogie etwa oder ein Verständnis von Dialektik, das die Unterschiedlichkeit von Gegensätzen nicht in der Vermittlung auflöst.[11] Das Ziel einer feministischen Ethik sieht Annemarie Pieper darin,

> [...] die Grundlagen zu klären, auf welchen der bisherige ethische Diskurs ruhte, bevor sie andererseits darüber nachdenkt, ob es sinnvoll ist, die bisherigen Konzepte einer männlichen Moral durch solche einer weiblichen Moral zu ergänzen und schliesslich das Konstrukt einer allgemeinmenschlichen Moral zu entwerfen.[12]

Dieser Prozess, so macht sie immer wieder deutlich, benötige Zeit, Sorgfalt und Dialog.

---

9 Pieper 1993, S. 77.

10 Ebd., S. 94.

11 Ebd., S. 179 f.

12 Pieper 1998, S. 21.

Wenn ich heute Annemarie Piepers Bücher zur feministischen Ethik in Händen halte, wird mir bewusst, wie sorgfältig sie las und wie luzide es ihr gelang, die Argumente und Einwände darzustellen, die die feministische Diskussion damals bestimmten. Und auch, wie viele Autorinnen aus unterschiedlichsten Disziplinen sie ins Spiel bringt und als Philosophinnen ernst nimmt: Simone de Beauvoir, Judith Butler, Luce Irigaray, Julia Kristeva, Hélène Cixous, Nancy Chodorow, Carol Gilligan, Beverly Harrison, Monique Wittig, Adriana Cavarero, Seyla Benhabib, Andrea Maihofer, Brigitte Weisshaupt, Sandra Harding, Mary Daly, Christina von Braun oder Barbara Duden. Es fällt aber auch auf, wen sie nicht aufgreift und wessen Schriften nicht in den Blick rücken, diejenigen von Angela Davis etwa, von bell hooks, Chandra Talpade Mohanty, Gayatri Chakravorty Spivak, Kimberley Crenshaw, Patricia Hill Collins, Sylvia Wynter oder Audre Lorde. Die Frage des Eurozentrismus wird in ihren Beiträgen zur feministischen Ethik manchmal kurz gestreift, nicht aber systematisch mit der Geschlechterfrage zusammengedacht. Die von Schwarzen Feministinnen, Feministinnen of Colour und Feministinnen aus dem Süden entwickelte These, wonach sich Geschlecht konstitutiv mit anderen Machtrelationen verbindet, mit Rassifizierung, Kolonialität oder Klassismus bleibt in Annemarie Piepers weiterführenden Überlegungen zur feministischen Ethik unberücksichtigt. Auch die Frage, wie sich feministische Kritik als etwas denken lässt, das die Binarität und Heteronormativität von Geschlecht nicht reproduziert, sondern radikal infrage stellt und aufbrechen kann, verfolgte sie nicht weiter, auch wenn sie sie thematisiert, etwa in den Ausführungen zu Monique Wittig oder Judith Butler. Das waren aber die dringlichen Fragen, die viele von uns jungen Feministinnen damals umgetrieben haben. Wir begannen in dieser Zeit, feministische Theorie in Verbindung zu bringen mit Ansätzen, die wir heute als queer, postkolonial, dekolonial, trans oder intersektional beschreiben. Annemarie Piepers Vorschlag, eine eigenständige weibliche Ethik zu entwickeln und sie in ein neues Verständnis zu einer als männlich entlarvten (vorher allgemeinen) Ethik zu setzen, zielte darum für nicht wenige von uns an den Fragen vorbei, die uns vordringlich beschäftigten. War es auch dieses verhaltene Echo unserer Generation auf ihre Beiträge zur feministischen Philosophie, die dazu führten, dass sich Annemarie Pieper Ende der 1990er-Jahren wieder anderen Themen zuwandte?

Ihre Erkenntnis allerdings, das vorherrschende Denken leide daran, dem anderen nicht mit Anerkennung und ohne Gewalt begegnen zu können, hat von ihrer Aktualität nichts eingebüsst. In der Art und Weise, wie Annemarie Pieper anderen Menschen und anderem Denken begegnete, zeigte sich, wie ernsthaft sie die Aufgabe nahm, anderes in seinem Anderssein erkennen und anerkennen zu können. Darauf verweist Katrin Meyer in ihrem Beitrag in diesem Band, wenn sie an die «grundsätzliche Haltung der Wertschätzung» erinnert, die Annemarie Pieper philosophischen Texten und ihrer Tradierung, anderen Denker*innen und ihren Studierenden entgegenbrachte. All dies erfuhr ich, als ich nach einem Semester an der University of Ghana in Legon 1998 nach Basel zurückkehrte und vorschlug, Texte afrikanischer Philosoph*innen zu lesen. Annemarie Pieper bat mich und einen südafrikanischen Kollegen um Lektürevorschläge, baute eine Auswahl davon in ihr nächstes Seminar ein und diskutierte sie mit uns mit grossem Interesse.

In der Art und Weise, wie sich Annemarie Pieper als Philosophin in einer Disziplin positionierte, in der Frauen, ihre Erfahrungen und ihr Denken nicht vorgesehen waren, und wie sie Zeit ihres Lebens anderen Menschen und anderem Denken mit Neugier und Offenheit begegnete, steckt ein Moment der

Freiheit, auf das ich abschliessend eingehen möchte. Auch wenn Freiheit nicht als Leitbegriff ihrer feministischen Arbeiten erscheint, stellen diese *auch* eine Beschäftigung mit Freiheit dar. Annemarie Pieper stellt darin, gemeinsam mit vielen anderen feministischen Philosophinnen, infrage, dass Frauen gesellschaftlich nur bestimmte, eingeschränkte und oftmals minderwertige Plätze einnehmen können. Und sie fordert ein, dass die Engführung von Männlichkeit und Freiheit ausgeweitet werden soll auf alle Menschen. Der Mann als Ideal des autonomen Menschen, schreibt sie in dem ihr eigenen klaren Stil,

> [...] verdankt sich der kollektiven Selbstzuschreibung von Männern, die sich durch Jahrtausende lange Gewöhnung so tiefgreifend in das Selbstverständnis von Männern und Frauen eingeschrieben hat, dass diese Gewohnheit den Charakter eines Naturgesetzes angenommen hat.[13]

Dass Annemarie Piepers Verständnis von Freiheit gerade nicht auf Selbstbeherrschung, Macht über andere und Phantasien von Omnipotenz gründet, sondern als «bindungswillige Freiheit»[14] konzipiert wird, zeigt erneut die Nähe ihres Denkens zu demjenigen anderer feministischer Philosophinnen. Dazu gehört auch der Einbezug menschlicher Verletzlichkeit und Endlichkeit. In den Schlussworten ihres Symposiums sagte Jeanne Hersch 1990, Annemarie Pieper habe «ganz am Anfang schon genau ins Schwarze getroffen, als sie sagte: Endlichkeit; Endlichkeit als Bedingung für Freiheit. Folglich ist der Tod, der das deutlichste Zeichen unserer Endlichkeit ist, ebenfalls eine Bedingung für unsere Freiheit.»[15] Dass Annemarie Pieper nicht mehr unter uns ist, dass wir ihrer in diesem Band gedenken,

---

13 Pieper 1998, S. 18.

14 Pieper 2014, S. 232.

15 Hersch 1990, S. 133.

macht den Gedanken an die menschliche Sterblichkeit auf unerbittliche und schmerzhafte Weise manifest. Beide, Jeanne Hersch und Annemarie Pieper, geben uns aber die Möglichkeit an die Hand, den Tod als radikalsten Ausdruck von Endlichkeit zu denken und damit als das, was Freiheit mit ermöglicht.

Die Art und Weise, wie Annemarie Pieper uns als Mentorin der Freiheit überantwortete, war eindrücklich, inspirierend, für viele von uns wegweisend – und nicht immer einfach. Oft genug war Freiheit eine schwindelerregende Erfahrung, etwa wenn Annemarie Pieper mich regelmässig mit den Worten aus einer Besprechung entliess: «Machen Sie weiter so, Frau Purtschert.» Aber wie weiter und in welche Richtung? Das herauszufinden blieb mir selbst überlassen. Annemarie Pieper war immer bereit, meine Denkversuche zu unterstützen, sie vertraute mir und scheute sich nicht vor experimentellen Versuchsanlagen, im Gegenteil. Aber sie nahm mich nie an der Hand, wenn es darum ging, Wegkarten für meine Denkbewegungen zu zeichnen und die Geländer dafür zu montieren. Das blieb mir selbst überlassen. Ich habe von ihr auch nicht gelernt, wie Freiheit kollektiv realisiert werden kann. Das haben mir andere beigebracht. Aber sie hat mir gezeigt, wie es geht, anderen Freiheit zuzugestehen und sie dabei zu unterstützen, ihre Freiheit verwirklichen zu können. Das ist eine enorm wertvolle Erfahrung, auf die ich heute als Professorin und Mentorin zurückgreife. Und sie hat uns vorgelebt, was Freiheit bedeuten kann: eigensinnig, klug, interessiert, mit einer grossen Klarheit des Denkens, ohne Furcht vor gesellschaftlichen Konventionen, und immer wieder auf ihre unnachahmliche Art lachend über die Philosophie, die Welt, menschliche Unzulänglichkeiten, und ja, auch über die Geschlechterverhältnisse. Spuren dieser Freiheit, die sie mit uns teilte und die sie uns beibrachte, tragen wir auf je eigene Weise weiter, über die Endlichkeit hinaus, in die feministische Gegenwart hinein.

Bibliografie

Bleisch, Barbara/Pieper, Annemarie: «Philosophin Annemarie Pieper im Gespräch über Lebensentwürfe», in: Sternstunde Philosophie. SRF Schweizer Radio und Fernsehen, 29.12.2019, verfügbar unter: https://www.youtube.com/watch?v=H4I-wY0dpOg [07.02.2025).

Hersch, Jeanne: «Worte des Dankes», in: Pieper, Annemarie (Hg.): Die Macht der Freiheit: kleine Festschrift zum 80. Geburtstag von Jeanne Hersch. Zürich 1990, S. 131–139.

Hubler, Lucienne: «Hersch, Jeanne», in: Historisches Lexikon der Schweiz (HLS), verfügbar unter: https://hls-dhs-dss.ch/de/articles/009421/2024-04-23/ [07.02.2025].

Ludi, Regula: «Tumarkin, Anna», in: Historisches Lexikon der Schweiz (HLS), verfügbar unter: https://hls-dhs-dss.ch/de/articles/009401/2021-03-11/ [07.02.2025].

Pieper, Annemarie (Hg.): Die Macht der Freiheit: kleine Festschrift zum 80. Geburtstag von Jeanne Hersch. Zürich 1990.

Pieper, Annemarie: «Jeanne Hersch oder die Philosophie des Menschlichen», in: dies. (Hg.): Die Macht der Freiheit: kleine Festschrift zum 80. Geburtstag von Jeanne Hersch. Zürich 1990, S. 9–18.

Pieper, Annemarie: Aufstand des stillgelegten Geschlechts: Einführung in die feministische Ethik. Freiburg i. Br. 1993.

Pieper, Annemarie: Gibt es eine feministische Ethik? München 1998.

Pieper, Annemarie: Nachgedacht: philosophische Streifzüge durch unseren Alltag. Basel 2014.

Reusch, Siegfried/Pieper, Annemarie: «Annemarie Pieper zu Gast bei Siegfried Reusch», in: Philosophie im Gespräch, h1 – Fernsehen aus Hannover, 9.10.2019, verfügbar unter: https://www.youtube.com/watch?v=SnGfnmKt6bg [07.02.2025).

Philosophie

Philosophie und Öffentlichkeit

Emil Angehrn

Gestatten Sie, dass ich meine Würdigung des Wirkens von Annemarie Pieper mit der persönlichen Erinnerung an die Jahre beginne, die ich mit ihr am Philosophischen Seminar der Universität Basel verbringen durfte. Ich bin ein Jahrzehnt nach ihr, 1991, an die Universität Basel gekommen, an welche sie zehn Jahre früher, 1981, berufen worden ist und die sie zehn Jahre nach meinem Antritt, 2001, verlassen hat. Unser gemeinsames Jahrzehnt 1991–2001, mein erstes und ihr letztes in Basel, war für mich eine intensive und überaus wertvolle Zeit.

Ich bin Annemarie Pieper in bleibender Dankbarkeit verbunden für die überaus freundliche, kollegiale Weise, in der sie mich an meinem neuen Wirkungsort begrüsst hat, und für die immer zuvorkommende, freundschaftliche Zusammenarbeit am Philosophischen Seminar. Wir bildeten zusammen zuerst mit Henning Ottmann, dann mit Dominik Perler die gemeinsame Leitung des Seminars, und ich habe diese ganze Zeit, was keine Selbstverständlichkeit ist, ohne jegliche Spannungen und Konflikte erlebt. Dazu haben ihre Menschlichkeit und ihr grosszügiges Wesen viel beigetragen.

Ich habe Annemarie Pieper vor meinem Kommen nach Basel nicht persönlich näher gekannt und erst hier, und im Verlauf der Jahre zunehmend, auch nach ihrem Ausscheiden, die Weite und Vielfalt ihres Schaffens kennen- und schätzen gelernt.

Ihre philosophische Tätigkeit umfasst zwei unterschiedliche Schwerpunkte. Sie ist einerseits der akademischen, forschungsorientierten Arbeit gewidmet, die sich sowohl mit systematischen Fragestellungen wie mit historischen Positionen und Zusammenhängen auseinandersetzt. Und sie ist andererseits eine auf dieser Grundlage aufbauende, an ein grösseres Publikum gerichtete Vermittlung philosophischen Denkens, eine Hinführung zur Philosophie und ein philosophisches Wirken in der Öffentlichkeit. Es ist dieser zweite Schwerpunkt, der zunehmend zu einem besonderen Kennzeichen ihrer Arbeit geworden ist. Es ist dieser Aspekt, den ich in den folgenden Ausführungen in den Vordergrund rücke, in denen ich weniger auf die von ihr bearbeiten Themenfelder, etwa in der Ethik oder den Beiträgen zu Kierkegaard, Nietzsche und Camus, eingehe. Es ist ein besonderes Profil ihrer Arbeit, das hier interessiert und das einem originären Anliegen, einer persönlichen Vorliebe entspricht, die wesentlich dafür bestimmend war, dass sie ihre Professur vorzeitig verlassen hat, um sich anderen Formen des philosophischen Wirkens zuzuwenden.

Philosophieren in der Öffentlichkeit und für ein grösseres Publikum meint nicht nur, sich einer anderen Diktion und Darstellungsform zu bedienen. Die Differenz berührt desgleichen die Sache und dasjenige, worum es der Philosophie geht. Im Blick ist, was Kant als die «Philosophie nach dem Weltbegriff» bezeichnet hatte. Meint der «Schulbegriff» der Philosophie nach Kant das System der Vernunfterkenntnisse und allgemeiner die Wissenschaft als «eine von den Geschicklichkeiten zu gewissen beliebigen Zwecken», so fragt die Philosophie nach dem Weltbegriff nach dem, «was jedermann notwendig interessiert», und hat sie ihr Telos in der Wissenschaft von den letzten Zwecken.[1] Was jedermann wesentlich interessiert, in einer allgemeinverständlichen Sprache zu erörtern und als eine Frage zu behandeln, die jeden angeht und jede an-

---

1 *KrV*, B 867.

spricht, dies ist die Aufgabe, der sich Annemarie Pieper in verschiedenen Formen und auf vielfältigen Podien gewidmet hat.

Des Näheren hat sie sich um die Öffnung des philosophischen Diskurses in zweierlei Weise, in zwei Bereichen verdient gemacht.

Zum einen geht es ihr um die Hilfestellung bei der Einführung in das Studium der Philosophie und in die wissenschaftliche philosophische Arbeit. Der inhaltlichen Vermittlung dienen zahlreiche von Annemarie Pieper verfasste (teils mitverfasste) oder herausgegebene Bände. Zu nennen sind einem breiteren Publikum zugängliche, allgemeine Präsentationen des Denkens wichtiger Autoren (*Albert Camus*, 1984; *«Ein Seil geknüpft zwischen Tier und Übermensch». Philosophische Erläuterungen zu Nietzsches erstem «Zarathustra»*, 1990; *Søren Kierkegaard*, 2000) und überblicksartige Darstellungen philosophischer Themenbereiche (*Ethik und Moral. Einführung in die praktische Philosophie*, 1985; *Einführung in die Ethik*, 1991; *Aufstand des stillgelegten Geschlechts. Einführung in die feministische Ethik*, 1993; *Gut und Böse*, 1997; *Gibt es eine feministische Ethik?* 1998a; *Glückssache. Die Kunst, gut zu leben*, 2001). Dazu gehören des Weiteren historische und systematische Präsentationen von Hauptströmungen und Bereichen der Philosophie (*Geschichte der neueren Ethik*, 2 Bände, 1992; *Angewandte Ethik. Eine Einführung* (mit Urs Thurnherr), 1998; *Philosophische Disziplinen. Ein Handbuch*, 1998b). Und schliesslich inhaltliche und didaktische Hinführungen zum philosophischen Denken (*Was sollen Philosophen lesen?* (mit Urs Thurnherr), 1994; *Denkanstösse zu unseren Sinnfragen*, 2021). Ergänzend zu nennen sind Beiträge zur wissenschaftlichen Edition der Werke und Briefwechsel grosser Denker, so zu Schelling und vor allem zu Nietzsche.

All diese Schriften basieren auf professioneller Expertise, sind aber nicht vorrangig für Spezialistinnen und Spezialisten geschrieben und als Stellungnahme im wissenschaftlichen Disput konzipiert. Ihre Form ist eher die der Einführungsliteratur und Überblicksdarstellung, die interessierten Laien einen kompetenten Zugang anbietet und die auch im Studium ein wichtiges Desiderat erfüllt. Sie stehen für das Gegenteil dessen, wovon Annemarie Pieper selbst rückblickend als abschreckende Erfahrung der Studienanfängerin berichtet, der es schwerfiel zu begreifen, was es mit Heideggers «Seiendem, insofern es ist» oder mit Fichtes «sich setzendem Ich» auf sich hat.[2] Ganz anders hat sie sich in der Lehre um einen vermittelnden, verstehenden Zugang zu den grossen Themen und Autoren, auch zu den komplexen und schwierigen Problemen der Philosophie bemüht, ohne reduzierende Vereinfachung, doch vom ernsthaften Interesse geleitet, den Hörerinnen und Hörern, Lesern und Leserinnen einen authentischen Umgang mit philosophischen Fragen zu ermöglichen.

Doch beschränkte sie dieses Interesse nicht auf die didaktische Begleitung und Unterstützung derer, die sich die Philosophie im Studium zu ihrer Sache gemacht hatten. Vielmehr galt es gleichermassen dem offenen Kreis all jener, die sich durch grundlegende Fragen ansprechen, gegebenenfalls irritieren oder verunsichern lassen. Es wendet sich an Menschen unterschiedlicher Herkunft und Bildung, um mit ihnen über wichtige Fragen nachzudenken, sie in systematische und historische Debatten einzuführen, mit den Schwierigkeiten und Möglichkeiten philosophischer Problembehandlung vertraut zu machen und im Zuhören und gemeinsamen Gespräch erhellende Einsichten zu gewinnen, letztlich zum Selbstdenken anzuregen. Thematisch sind es nicht nur praktische und existenzielle Probleme, die dabei in den Blick kommen, wie Gesundheit und Krankheit, Alter und Sterben, der Umgang mit

2 Pieper 1996, S. 117.

der Natur, Leiden und Glück. Ebenso interessieren theoretische, teils abstrakte Fragen, die unser Verständnis der Welt und unserer selbst betreffen, Probleme, die sich dem nachdenklichen, forschenden Menschen als offene Fragen aufdrängen, je nachdem Zweifel auslösen und Rätsel aufgeben: Fragen nach dem Wesen der Zeit oder der Zahl, nach der Bedeutung der Digitalisierung, nach dem Geist der Tiere, zuletzt vielleicht, Kant folgend, die Frage: Was ist der Mensch? Es sind Fragen, welche die Neugier reizen und die begriffliche Reflexion herausfordern und darin einen ursprünglichen Impuls artikulieren, wie ihn Platon und Aristoteles als Quelle philosophischen Denkens im Staunen und Fragen ausmachten.

Mit diesem ganzen Themenkreis hat sich Annemarie Pieper in vielfältigen Formen und unterschiedlichen Medien beschäftigt. Dass Philosophie nicht den akademischen Fachleuten vorbehalten sei, war die tiefe Überzeugung, die sie zu ihrer langjährigen und lebhaften Tätigkeit in der gesellschaftlichen Öffentlichkeit motiviert und in dieser Tätigkeit geleitet hat. Es ist eine Überzeugung, die sie nicht nur aus dem eigenen Verständnis der Philosophie geschöpft hat, sondern auch aus der Wahrnehmung eines gesellschaftlichen Bedürfnisses, dem sie antwortet. In ungezählten Situationen hat sie erfahren können, wie ihre mündlichen und schriftlichen Beiträge einem Interesse begegneten, das in breiten Schichten der Bevölkerung – variierender Berufsorientierung und Generationszugehörigkeit – vorhanden ist und das einen Anspruch an die Philosophie anmeldet, den diese ernst zu nehmen hat. Wenn sie diesem Anspruch entgegengekommen ist, so nicht aus einem abstrakten Pflichtbewusstsein, sondern aus einem eigenen Bedürfnis, ja, einer Leidenschaft und Begeisterung heraus, die sie ihren Hörern und Leserinnen mitzuteilen wusste. Gerade dass sie diese Aufgabe nicht nur mit hoher Kompetenz, sondern mit Lust und Freude erfüllte, hat zur Authentizität ihrer Wortmeldungen und zu deren Ausstrahlung beigetragen.

Man darf sagen, dass ihre Tätigkeit in exemplarischer Weise illustriert, welche Bedeutung der Vermittlung von Wissenschaft in der Öffentlichkeit zukommt, und gleichzeitig das besondere Profil verdeutlicht, das diese Vermittlung im Falle der Philosophie annimmt. Im Zentrum steht nicht die blosse Übersetzung von Fachwissen für ein breiteres, nicht akademisches oder nicht fachwissenschaftliches Publikum, wie es profilierte Fernsehsendungen in medizinischen Sachfragen oder zu astronomischen oder zeitgeschichtlichen Themen leisten. Vielmehr ging es Annemarie Pieper darum, ihr Publikum am lebendigen philosophischen Denken teilhaben zu lassen, am Fragen, Zweifeln und Überlegen, am besinnlichen Nachdenken wie am kritischen Hinterfragen und phantasievollen Entwerfen, wie es der Titel *Selber denken. Anstiftung zum Philosophieren* (2008) prägnant anzeigt. Dies praktizierte sie im direkten Gespräch vor und mit dem Publikum ebenso wie in schriftlichen Zeitungsbeiträgen oder im Rundfunk und Fernsehen. Der dialogische Charakter gehört zur Eigenart ihres Philosophierens in der Öffentlichkeit. Darin erfüllte sie in bester Weise die Rolle einer Vermittlerin, welche die Anliegen und Möglichkeiten der Philosophie jenseits der Fachwissenschaft zum Tragen bringt.

Dabei nahm sie diese Rolle wahr, ohne sich von der akademischen Disziplin zu verabschieden, in welcher sie weiterhin in Vorträgen und Publikationen tätig war. Ihre öffentlichen Auftritte gründen in einer breiten, anerkannten Fachkompetenz, auch wenn sie diese in ihren Texten und Diskussionen zugunsten der Verständlichkeit und Lebendigkeit des Gedankens nicht in den Vordergrund rückte. Annemarie Pieper war eine Philosophin, die ihr Fach in verschiedenen Sprachregistern und Kommunikationsmedien beherrschte und mit gleichem Engagement ausübte. Das Interesse an der Vermittlung hat schon ihre akademische Lehr- und Publikationstätigkeit wesentlich bestimmt, wie dies die genannten, teils mehrfach aufgelegten Einführungs- und Überblicksdarstellungen bezeugen. Dass ihr darüber hinaus der Brückenschlag zur ausserakademischen Philosophie gelang, ist zum Teil durch die inhaltlichen Schwerpunkte begünstigt, die das Herzstück ihrer Arbeit bilden, die Beschäftigung mit Problemen der Ethik und des praktischen Lebens, aber auch mit Klassikern der Philosophie, die in der Öffentlichkeit auf grosses Interesse stossen. Ihr Wirken steht für eine Philosophie, der es im Ganzen um die Lebensbedeutsamkeit des Denkens geht.

Es ist an dieser Stelle weder nötig noch möglich, einen Überblick über die vielen Initiativen und Beteiligungen von Annemarie Pieper in öffentlichen Veranstaltungen und Publikationen zu geben. Festgehalten sei nur die beeindruckende Vielfalt der Formen, Medien und Orte ihrer Tätigkeit. Zu dieser gehören Vorträge, Podiumsdiskussionen, Veranstaltungen von Volkshochschulen, Philosophischen Cafés, Kirchen und Parteien, Vereinen und Bildungsinstitutionen, Reden bei Maturafeiern und privaten Jubiläen, aber auch bei feierlich-offiziellen Anlässen etwa vor dem Basler Parlament oder der Bundesversammlung in Bern (anlässlich der Jubiläumsfeier 150 Jahre Bundesstaat 1998). Zu nennen sind ebenso die zahlreichen Auftritte in Rundfunk und Fernsehen, die Moderation hochkarätiger Diskussionssendungen *(Sternstunde Philosophie)*, die vielfältige Beteiligung an Schwerpunktsendungen zu ethischen, lebenspraktischen und gesellschaftspolitischen Fragen, an Diskussionen und Streitgesprächen, in denen sie sich auch vor klaren Stellungnahmen nicht scheute. Nicht zuletzt seien die schriftlichen, journalistischen Einmischungen genannt, in regelmässigen Kolumnen und spontanen Wortmeldungen, in Zeitungen und Journalen in Deutschland, Österreich und der Schweiz. Und – *last, not least*, in Erfüllung eines ältesten Wunsches, dem Annemarie Pieper nach ihrer Emeritierung nachgekommen ist – die literarische Tätigkeit. In drei Romanen (deren erster den bezeichnenden Titel *Die Klugscheisser GmbH* [2006] trägt) hat sie in gleichsam indirekter Weise philosophische Debatten und lebensweltliche Sinnfragen in einer anderen, neuen Gestalt aufgenommen und weitergeführt (*Satansaustreibung*, 2010, *Frag nicht, wo die Blumen sind*, 2019).

Ich wollte mit diesen summarischen Ausführungen die genuine Leistung ebenso wie das besondere Verdienst der publizistischen Tätigkeit von Annemarie Pieper würdigen. Die ungewöhnliche Leistung verdankt sich ihrer speziellen Fähigkeit zur philosophischen Kommunikation, ihren fundierten Kenntnissen ebenso wie ihrem Naturell, ihrer Geistesgegenwart und rhetorischen Begabung, die ihr erlaubten, Menschen anzusprechen, sie zu unterhalten und gleichzeitig in ernsthaften Fragen zu orientieren. Ihre Spontaneität, ihre Herzlichkeit, auch ihr Humor und ihre direkte, manchmal unverblümte Rede haben zur Lebendigkeit ihres Philosophierens beigetragen. Die Leistung verdankt sich ebenso einer bestimmten Grundhaltung, welche die Vermittlung der Philosophie als eine wichtige Sache ansieht und sich ihrer mit Freude, mit Geduld und mit persönlichem Einsatz annimmt. Bei alledem ist es mir aber wichtig zu unterstreichen, dass darin zugleich ein grosses Verdienst ihrer Arbeit liegt. Ihr Philosophieren in der Öffentlichkeit steht nicht einfach für eine persönliche Vorliebe und einen Nebenzweck ihres Berufs. Es geht um eine spezifische Qualität und ein zweifaches Verdienst ihres Philosophierens: zum einen gegenüber der Öffentlichkeit, gegenüber den Menschen, denen sie ein Angebot gemacht hat und die ihr Angebot mit Interesse und Dankbarkeit aufgenommen haben, zum anderen aber auch ein Verdienst um die Philosophie selbst, deren eigenstes, innerstes Anliegen sie in einer originären, bedeutenden Weise zum Tragen gebracht hat.

Bibliografie

Kant, Immanuel: Kritik der reinen Vernunft, hg. von Jens Timmermann, Hamburg 1998.

Pieper, Annemarie: Albert Camus, München 1984.

Pieper, Annemarie: Ethik und Moral. Einführung in die praktische Philosophie, München 1985.

Pieper, Annemarie: «Ein Seil geknüpft zwischen Tier und Übermensch» Philosophische Erläuterungen zu Nietzsches erstem «Zarathustra», Stuttgart 1990.

Pieper, Annemarie: Einführung in die Ethik, Tübingen/Basel 1991.

Pieper, Annemarie (Hg.): Geschichte der neueren Ethik, 2 Bände, Stuttgart/Tübingen 1992.

Pieper, Annemarie: Aufstand des stillgelegten Geschlechts, Freiburg 1993.

Pieper, Annemarie: «Umwege zur Philosophie», in: Hauskeller, Christine/Hauskeller, Michael (Hg.): «...was die Welt im Innersten zusammenhält» 34 Wege zur Philosophie, Hamburg 1996, S. 116–122.

Pieper, Annemarie: Gut und Böse, München 1997.

Pieper, Annemarie: Gibt es eine feministische Ethik?, München 1998a.

Pieper, Annemarie (Hg.): Philosophische Disziplinen. Ein Handbuch, Leipzig 1998b.

Pieper, Annemarie: Søren Kierkegaard, München 2000.

Pieper, Annemarie: Glückssache. Die Kunst zu leben, Hamburg 2001.

Pieper, Annemarie: Die Klugscheisser GmbH, Basel 2006.

Pieper, Annemarie: Selber denken. Anstiftung zum Philosophieren, Leipzig 2008.

Pieper, Annemarie: Satans Austreibung, Basel 2010.

Pieper, Annemarie: Frag nicht, wo die Blumen sind, Hannover 2019.

Pieper, Annemarie: Denkanstösse zu unseren Sinnfragen, Basel 2021.

Pieper, Annemarie/Thurnherr, Urs: Was sollen Philosophen lesen?, Berlin 1994.

Pieper, Annemarie/Thurnherr, Urs: Angewandte Ethik. Eine Einführung, München 1998.

Annemarie Pieper als Interpretin häretischer Denker: Søren Kierkegaard, Friedrich Nietzsche und Albert Camus

Otfried Höffe

Wider die vorherrschende Spezialisierung

In der neueren Philosophie breitet sich mehr und mehr eine Spezialisierung aus. Fraglos richtig ist, dass man für einen Beitrag zur Forschung den betreffenden Gegenstand und die zuständige Literatur bestens zu kennen hat. Daraus folgt aber nicht, was seit Längerem der Fall ist: seine gesamten Forschungsinteressen auf ein kleines und immer kleineres Thema einschränken zu müssen. In der Philosophiegeschichte beispielsweise konzentrierten sich zunächst viele Kolleginnen und Kollegen nur noch auf einen grossen Vertreter, etwa auf Aristoteles, auf Descartes oder Kant. Später befassten sie sich nicht mehr mit deren Gesamtwerk, sondern lediglich mit einem kleinen Bereich, etwa mit Aristoteles' *Nikomachischer Ethik* oder Kants *Kritik der reinen Vernunft*. Und neuerdings gibt es Aristoteles-Fachleute, die – fast ausschliesslich – nur zur Gerechtigkeitstheorie der *Nikomachischen Ethik* forschen und noch mehr Kantkennerinnen und -kenner, die sich auf die transzendentale Deduktion der *Kritik der reinen Vernunft* kaprizieren.

Annemarie Pieper verweigerte sich dieser extremen Verengung mit Nachdruck. Nicht der geringste Grund: Wer wahrhaft neue systematische Einsichten gewinnen will, sollte die Tradition kennen, um nicht im Prinzip schon bekannte Einsichten als eigene Neuerung zu zelebrieren und dabei nicht selten den früher weiteren Problemhorizont ungebührlich zu verengen. Und hinsichtlich der grossen Denker und Denkerinnen sollte man fähig sein, deren Einsichten anzuerkennen, ohne dabei die Leistungen ihrer Vorgänger und Nachfolgerinnen zu verdrängen. Für diese Fähigkeit bleibt Annemarie Pieper ein bedeutendes Vorbild: Nicht nur spielten in ihren Vorlesungen und Veröffentlichungen beide Seiten eine bedeutende Rolle, sowohl systematische als auch philosophiegeschichtliche Fragen. Und zweifellos hatte Annemarie in beiden Bereichen gewisse Vorlieben. Im systematischen Denken befasste sie sich vor allem mit Themen der Ethik und des Feminismus. Und in der Philosophiegeschichte schätzte sie den Verfasser kommunikativer Denkprozesse, den Dialogen, also Platon, weit mehr als Aristoteles, den Erfinder des seitherigen Musters von Wissenschaft, der Abhandlung. Vom Deutschen Idealismus wiederum war ihr derjenige Denker weit wichtiger als Fichte und Hegel, nämlich Schelling, der seine und alle Transzendentalphilosophie lediglich für eine negative Philosophie hielt. Denn sie erkenne lediglich die Bedingungen der Möglichkeit der Wirklichkeit, nicht diese selbst.

Diese sachlichen und philosophiegeschichtlichen Vorlieben waren bei Annemarie Pieper weder willkürlich noch zufällig entstanden, sondern hatten gute Gründe. Sie hatten bei ihr aber nie einen dogmatischen Rang. Dass Kolleginnen und Kollegen andere Vorlieben pflegten und dafür sachgerechte Argumente haben mochten, war für sie nie ein Problem. In dieser Hinsicht zeichnete sie sich durch eine intellektuelle Toleranz aus, die weder in der Philosophiegeschichte noch heutzutage die Regel ist. Bei ihr dürfte die genannte Toleranz mit einer weiteren Vorliebe zusammenhängen, auf die ich in diesem Beitrag näher eingehen werde, nämlich mit der für die Existenzphilosophie. Denn diese war für Annemarie Pieper zweifellos nicht nur ein Gegenstand der Forschung und Lehre, sondern auch ein Wesensmerkmal ihrer Lebenseinstellung. Sie hat, darf man sagen, auf eine existenzphilosophische Weise gelebt, ohne diese Lebensweise Studenten, Kollegen oder nicht studentischen Zuhörern und Zuhörerinnen aufzudrängen. Denn der Existenzphilosophie, betont sie in ihren Darstellungen der grossen Vertreter, geht es um eine von jedem selber zu praktizierende Entscheidung zur Freiheit.

Schliesslich interessierte sich Annemarie Pieper für Denker, die sowohl aus inhaltlichen Gründen als auch wegen ihrer für Philosophen ungewöhnlichen literarischen Gattungen im «seriösen Philosophiediskurs» bis heute wenig Anerkennung finden. Alle drei von ihr gründlich untersuchten Existenzphilosophen sind herausragende Schriftsteller. Weil die drei Autoren teils aus sachlichen, teils aus literarischen, teils aus beiden Gründen von Fachphilosophen häufig nicht ernst genommen werden, insofern von einer «offiziellen» Sichtweise abweichen, nenne ich sie häretisch.

Der erste der in methodischer und inhaltlicher Hinsicht «häretischen» Autoren ist Søren Kierkegaard. Seine teils doppelt-pseudonymen, teils (schlicht-)pseudonymen, teils nicht-pseudonymen Schriften verlangen den Interpretinnen und Interpreten ungewohnte, häufig auch ungeliebte Anstrengungen ab. Überdies werden sie von ihren Themen her seit Längerem mehr von der Theologie als in der Philosophie geschätzt. Tatsächlich sollten Philosophinnen und Philosophen Kierkegaards Philosophie der Existenz als radikale Kritik der – angeblich – bislang vorherrschenden Fundamentalphilosophie, mithin als grundlegende Metaphysikkritik, ernst nehmen.

Der zweite Häretiker ist Friedrich Nietzsche. Mit seinem vielfach vorherrschenden Darstellungsmittel des Aphorismus' kommen Interpretinnen und Interpreten, die von einem Philosophen begrifflich-argumentativ vorgehende Abhandlungen erwarten, ebenfalls schwer zurecht. Zudem lassen sie sich ungern auf eine vorurteilsfreie Diskussion von ideenpolitisch so provokativen Gedanken wie dem Willen zur Macht und dem Übermenschen, auch der Wahrheit als dem für den Menschen lebensnotwendigen Irrtum ein.

Schliesslich wird ein von Annemarie Pieper ebenfalls hochgeschätzter Autor, Albert Camus, in philosophischen Seminaren noch weniger als Kierkegaard und Nietzsche beachtet. Denn bestenfalls wird er als grosser Schriftsteller anerkannt, dagegen höchst selten als bedeutender Philosoph ernst genommen.

Diese Besonderheit von Annemarie Pieper, ihre Vorliebe für drei methodisch und inhaltlich vielerorts als ketzerisch wahrgenommene Denker, will ich im Folgenden skizzieren, dabei ihr Interesse und ihre Fähigkeit herausstellen, die drei häretischen Autoren zum Sprechen zu bringen. Dabei greife ich vor allem auf die einschlägigen Monografien, weniger auf Abhandlungen zurück.

Søren Kierkegaard: Philosophie der Existenz als Metaphysikkritik

Annemarie Piepers erste Forschungsarbeit, die Dissertation, entstand in einem Saarbrücker Doktorandenkreis, dem von Hermann Krings, der seine «Schüler» zu höchst verschiedenen Themen arbeiten liess. Hier lernte sie ein Gegenmodell zu den neueren Spezialisierungen kennen und schätzen: die Offenheit für sehr unterschiedliche Fragestellungen und entsprechende Autoren und die Bereitschaft, mit den Kollegen darüber frank und frei zu debattieren: Der eine Doktorand schrieb seine Doktorarbeit zu Schelling, ein anderer zu Nietzsche, ich selbst zu Aristoteles und Annemarie zum dänischen Schriftsteller, Theologen, Philosophen von Weltrang, zu Kierkegaard. Ihre

Arbeit erschien in dem Jahr, das die Öffentlichkeit vor allem als das Jahr der weltweiten Studentenunruhen kennt: 1968. Der Titel lautet: *Geschichte und Ewigkeit bei Søren Kierkegaard. Das Leitproblem der pseudonymen Schriften.*[1] Dass diese Dissertation, wie es sogleich im ersten Satz anklingt, auf Wissenschaftlichkeit Wert legt und dass sie dieses Kriterium rundum erfüllt, versteht sich und ist nicht näher zu untersuchen. Hier kommt es vielmehr auf die Frage an, was die junge Philosophin an Kierkegaard fasziniert.

Eine erste Antwort deutet sich im Untertitel an: Da Annemarie Pieper pseudonyme Schriften untersucht, ist die Faszination in diesem literarischen Charakter, der Pseudonymität, zu suchen. Als sinnvoll erscheint diese allerdings nur dann, wenn das behandelte Themenfeld von seinem Wesen her nach Pseudonymität verlangt, wenn diese also gegenstandsnotwendig ist. Und darin sehe ich die zweite Faszination, die Kierkegaard auf die Autorin ausübt: Es gibt Gegenstände der Philosophie, die sich ihrer Natur nach dem in der Philosophie sonst vorherrschenden Muster, der Abhandlung, verweigern. Kierkegaard geht es, hebt die Dissertation gleich zu Beginn hervor, um eine «ethische Mitteilung».[2] Diese soll etwas, das Ethische, vermitteln, um das einerseits jeder Mensch schon weiss, bei dem es aber andererseits nicht auf dieses Wissen ankommt, sondern auf dessen Verwirklichung. Das wiederum kann niemand, auch der Philosoph der ethischen Mitteilung, also Kierkegaard, nicht, stellvertretend für andere leisten. Jeder Einzelne muss es vielmehr im eigenen Handeln selber zustande bringen. Gemäss einer vereinfachenden Alternative geht es nicht mehr, wie angeblich in aller bisherigen Philosophie, um eine Essenz, um das objektive Wesen einer Sache, sondern um die subjekti-

1 Pieper 1968.

2 Ebd., S. 3 f.

ve, ganz persönliche Existenz. Man kann auch sagen, die Essenz der ethischen Mitteilung besteht in deren Verwirklichung, in der ethischen Existenz.

Trotz dieser Besonderheit des Gegenstandes muss sich der Philosoph hier nicht für überflüssig, für arbeitslos erklären. Er kann nämlich und soll auch anderen helfen, er soll sie «motivieren», die je selbst zu erbringende Leistung tatsächlich für sich zu erbringen. Um dieser ohne Frage höchst verzwickten Aufgabe methodisch gerecht zu werden, bedient sich Kierkegaard eines literarischen Kunstgriffs, eben des Pseudonyms: Nicht der Verfasser selber spricht; keineswegs darf man den Autor der pseudonymen Schriften mit der Person Kierkegaard gleichsetzen. Dieser hält sich vielmehr zurück, sogar verborgen, und lässt den Gegenstand selbst sprechen, übrigens in jedem der pseudonymen Schriften auf andere Weise, was das von der Sache gebotene Versteckspiel auf die Spitze treibt.

Annemarie Pieper begnügt sich nicht mit Kierkegaards «Theorie» der ethischen Mitteilung und der ethischen Existenz. Denn nach Ansicht des untersuchten Autors, der sich selbst für einen Dichter hält, allerdings einen von dialektischer Natur, gibt es eine höhere Existenzform, nämlich die religiöse, genauer gesagt: christliche Existenz. Von ihr und der Welt des Religiösen habe der Mensch jedoch im Unterschied zur ethischen Existenz kein (natürliches) Wissen. Es brauche vielmehr eine Mitteilung von aussen, unter anderem: dass Gott Mensch geworden sei. Um der dafür sachgerechten Mitteilung willen hält Kierkegaard erneut die Pseudonymität für unabdingbar, von ihm hier zusätzlich als «bewaffnete Neutralität» bezeichnet. Auf die Neutralität legt der Autor deshalb Wert, weil er es wiederum offenlassen will, wie er es denn persönlich mit der christlichen Neutralität hält. Und er spricht von «bewaffnet», weil er das Verständnis des Christentums seiner Zeit bekämpft, insbesondere das spekulative Verständnis, bei dem man an Hegel denken darf.

Wegen der christlichen Existenz stellt Annemarie Pieper ihre Kierkegaard-Interpretation unter die beiden Titelbegriffe der Dissertation, «Geschichte» und «Ewigkeit». Denn, so lautet ihre inhaltliche Leitthese, der «Einzelne existiert nur dann geschichtlich, wenn er sein historisches Wissen von der geschichtlichen Offenbarung Gottes im christlichen Glauben so entscheidend verwandelt, dass er dadurch seine ewige Seligkeit in der Zeit verwirklicht».[3]

Drei Jahrzehnte später stellt Annemarie Pieper ihre Faszination für Kierkegaard, den Begründer der Existenzphilosophie, einem weiteren Publikum und mit einer inzwischen noch gewachsenen Souveränität vor. Es geschieht in der Monografie *Søren Kierkegaard*, dort innerhalb der Reihe «Denker», für die ich sie als Autorin gewinnen konnte.[4] Schon einleitend hebt sie jenen Kern hervor, der sie zweifellos seit ihrer Doktorandenzeit tief beeindruckt hat: «die Kritik an der traditionellen Metaphysik als einer Essenz- oder Wesensphilosophie».[5] Ohne es auszusprechen, verwirft Pieper mit Kierkegaard die bislang in der Philosophie vorherrschende Annahme, es gäbe ein unbezweifelbar gewisses Fundament allen Wissens. Für den dänischen Theologen und Philosophen habe diese Annahme in der neueren Philosophie massgeblich Hegel vertreten. Mit dem ihm eigenen scharfen Witz wirft ihm Kierkegaard vor, statt der wirklichen nur eine scheinbare Realität zu beschreiben. Hegels Philosophie sei wie das Schild in einem Schaufenster, auf dem «Wäscherei» steht. Wer nun glaubt, dort seine Wäsche wa-

3 Ebd., S. 8.

4 Pieper 2000.

5 Ebd., S. 7.

schen lassen zu können, muss feststellen, dass das Geschäft lediglich das Schild «Wäscherei» zum Kauf anbietet.

Nach Kierkegaards Gegenprogramm zu Philosophen wie Hegel steht dem Menschen keinerlei objektive Gewissheit zur Verfügung. Allein möglich ist ihm eine subjektive Gewissheit: die «im existentiellen Selbstvollzug» erlangte Sicherheit, dass ich wirklich die Person bin, die zu sein ich mich entschieden habe. Insofern besteht die letzte dem Menschen mögliche Gewissheit in jenem «unvertretbaren und unhintergehbaren Freiheitsakt, mit der man die Person wird, die zu sein man sich entschlossen hat».[6] Für den Gewissheit suchenden Philosophen folgt daraus: «Existieren ist eine Kunst. Die Aufgabe des subjektiven Denkers besteht darin, sich selbst in Existenz zu verstehen.»[7]

Friedrich Nietzsche: ein alternativer Häretiker

In den Jahren zwischen der Dissertation zu Kierkegaard und ihrer Gesamtdarstellung dessen Denkens veröffentlicht Annemarie Pieper eine weitere grosse Monografie, jetzt zu dem zweiten von mir als «häretisch» qualifizierten Denker. Der Titel lautet: *«Ein Seil geknüpft zwischen Tier und Übermensch». Nietzsches erster «Zarathustra»*.[8] Um wieder mit der Frage zu beginnen, was die Autorin an Nietzsche und exemplarisch an seinem im Untertitel genannten Werk fasziniert: Es ist eine vielfache Gemeinsamkeit von Nietzsche mit Kierkegaard, die man kaum erwartet. Wie der Student der Theologie, Kierkegaard, ist der Pfarrerssohn Nietzsche ein Kritiker des vorherr-

---

6 Ebd., S. 7 ff.

7 Ebd.

8 Pieper 1990.

schenden Christentums, häufig sogar, etwa mit dem Ausspruch «Dionysos gegen den Gekreuzigten», Kritiker der gesamten christlichen Denkens. Darüber hinaus zeigt er sich in seinen Schriften wie Kierkegaard als ein kompromissloser Gegner der bisherigen Fundamentalphilosophie; auch Nietzsche unterzieht die Metaphysik einer scharfen Kritik. Als Gemeinsamkeit kommt eine schriftstellerische Brillanz hinzu. Ohne sich der literarischen Gattung pseudonymer Schriften zu bedienen, ist bei Nietzsches Aussagen nicht immer klar, ob sie wörtlich zu nehmen sind.

Zu Recht hält unsere Autorin Nietzsche für ein Sprachgenie, dem «entlarvende und zugleich befremdende Bilder, ironisch gebrochene Alltagsredewendungen, parodistische Überzeichnung klassischer philosophischer Lehren und in ihrer Sinnperversion bestürzend aufschlussreiche Bibelzitate gelingen».[9] All diese Sprachkunst hat freilich keinen Selbstzweck; Nietzsche will sich nicht an seiner eigenen Sprache berauschen, obwohl ihm das – darf man hier einschieben – nicht immer vollständig fremd ist. Entscheidend ist jedoch, worauf Pieper Wert legt: Nietzsche gelingt,

> [...] abstrakt-begriffliche Sachverhalte so zu transformieren, dass sie anschaulich, in einem ursprünglichen Sinn be-greifbar wurden [...] so dass in Konsequenz der Auseinandersetzung mit dem über den Text Mitgeteilten die eigene Lebensform *als ganze* revidiert wird. Dies ist die existentielle Komponente in Nietzsches Denken.[10]

Diese Komponente hält Annemarie Pieper für sehr wichtig. Ihrer fraglos überzeugenden Ansicht nach sind nämlich für die Leser «Zarathustras Reden als Appell zu verstehen, aus eigener

9 Ebd., S. 12.

10 Ebd.

Kraft ihr eigenes Leben zu leben, sich selbst in jeweiliger individueller Besonderheit zu verwirklichen».[11] Damit erscheint auch Nietzsche, ohne dass der Ausdruck verwendet werden muss, als ein Philosoph der Existenz. Denn nach der nüchternen, viele Missverständnisse ausräumenden, Nietzsche gewissermassen entmythologisierenden Interpretation kommt es laut Annemarie Pieper am Ende auf ein autonomes Individuum an, das sein Leben selber, unvertretbar und unhintergehbar, nach freiem Willen zu gestalten hat.

Warum wählt Annemarie Pieper für ihre Monografie das im Titel genannte Nietzsche-Zitat? Und warum entscheidet sie sich für ihre Nietzsche-Interpretation nicht für den Text, der am ehesten einer systematischen Philosophieabhandlung entspricht, auch wenn er sich als «philosophische Streitschrift» ankündigt: *Zur Genealogie der Moral?* Warum untersucht sie stattdessen die philosophische Dichtung *Also sprach Zarathustra. Ein Buch für Alle und Keinen* und darin die Vorrede und den ersten Teil?

Die Antwort ist nicht in der aussergewöhnlichen Wirkungsmacht zu suchen, die diese Schrift nicht sogleich, aber später entfaltet, auch wenn dies zutrifft. Der Autorin kommt es vielmehr auf die für Nietzsches Denken überragende systematische Bedeutung an. Wie sie schon im Vorwort erklärt, weisen die Vorrede und der erste Teil

> […] eine innere Geschlossenheit und Vollendetheit auf. Alle grossen Themen [des Zarathustra, aber auch anderer Schriften]: die Lehre vom Übermenschen, von der Selbstüberwindung, vom Willen zur Macht und von der ewigen Wiederkehr klingen hier bereits an und lassen einen Zusammenhang erkennen, der für die späteren Teile [des *Zarathustra*] wegweisend sind.[12]

11 Ebd.

12 Ebd., S. 11.

Dazu gehört ein beinahe massloses Selbstbewusstsein, behauptet Nietzsche doch von seiner Titelfigur, ohne sich gegen eine Identifikation mit sich selber zu wehren: «Zarathustra hat ein ewiges Recht, zu sagen: ‹ich schliesse Kreise um mich und heilige Grenzen; immer Wenigere steigen mit mir auf immer höhere Berge, – und ich baue ein Gebirge aus immer heiligeren Bergen›.»[13]

Greifen wir zwei Interpretationsbeispiele heraus und wählen als erstes den wohl berühmtesten Satz aus der Vorrede des *Zarathustra*, der jedoch häufig schon deshalb missverstanden wird, weil man den Zusammenhang ausser acht lässt: «Gott ist tot.»[14] Nach Annemarie Piepers einleuchtender Erläuterung ist «ein Doppeltes» gemeint. Zum einen ist die von der antiken Metaphysik und der christlichen Philosophie vermittelte Vorstellung falsch: «Gott existiert nicht jenseits oder ausserhalb unserer Welt als das ganz Andere, schlechthin von uns Verschiedene.»[15] Er ist nämlich nicht, was darin unausgesprochen enthalten ist, «der Inbegriff eines unaufhebbar Stagnierenden, eines ewig Unlebendigen und Toten».[16] Vielmehr ist für Gott, so die zweite Bedeutung, das Lebendige wesentlich, folglich ist er wie alles, was lebt, «einer, der in der Welt aufgeht und untergeht. Und von dem Gott, der untergegangen ist, könnte man dann sagen: Gott ist tot, im Gegensatz zu dem Gott, der aufgegangen ist und lebt.»[17]

---

13 Ebd.

14 Ebd., S. 37 ff.

15 Ebd., S. 43 f.

16 Ebd.

17 Ebd.

In dieser Bewegung des Auf- und Untergehens sei überdies «eine gewisse Ähnlichkeit mit dem christlichen Gott unverkennbar».[18] Denn

> Die Menschwerdung Gottes [Jesu Christi] könnte man [...] als die Bewegung des Herabsteigens, des Untergehens Gottes im Menschen interpretieren, wobei dieser Untergang sich im Tod Jesu Christi vollendet. Die Bewegung des Aufstiegs dagegen wäre die Auferstehung von den Toten, das Lebendigwerden und Aufgehen des Menschlichen im Göttlichen.[19]

Unser zweites Beispiel ist Zarathustras erste Rede *Von den drei Verwandlungen.* Sie beschreibt, wie Annemarie Pieper zu Recht feststellt, die schon aus der Vorrede bekannte Genealogie des Übermenschen. Bei diesem handelt es sich im Gegensatz zu einem dann berechtigterweise scharf kritisierten Verständnis nicht um eine im biologischen Sinn höhere Art des *Homo sapiens.* Der Übermensch gehört vielmehr zur Geschichte der Entwicklung des menschlichen Geistes, denn in ihr bildet er dessen höchste Stufe. Nietzsche, betont die Autorin, unterscheidet drei Stufen, auf denen sich der Geist entwickelt, zugleich höherentwickelt. Auf der ersten Stufe, als Stufe des Kamels beschrieben, beugt sich der Geist in Ehrfurcht und Demut vor dem «seit alters her Geltenden, vor den altehrwürdigen Norm- und Wertvorstellungen des überlieferten Moralkodex, den die abendländische Philosophie und das Christentum geprägt haben».[20] Und wegen des Sich-Beugens vergleicht Nietzsche diese Haltung mit der eines Kamels.

Die nächste Stufe, die des Löwen, «beginnt mit einem Akt der Selbstaufklärung»: Der Geist löst sich von dem, was seit

18 Ebd., S. 45.

19 Ebd.

20 Ebd., S. 112.

altersher gilt.[21] An die Stelle des bisherigen «Du sollst» tritt das «Ich will», dies allerdings zunächst nur als radikale Ablehnung des bisher Gültigen, als «Ich will nicht». Mit dem Mut eines Löwen, mit dessen Akt radikaler Zerstörung, «verweigert man dem bisherigen Moralkodex den Gehorsam und lehnt das bisherige Prinzip der Fremdbestimmung, der Heteronomie, ab».[22] Dies geschieht allerdings ohne das neue Prinzip, die Autonomie, schon zu verwirklichen. Man macht dieses Prinzip lediglich möglich und bereitet auf diese Weise der Autonomie den Boden.

Diese Vorbereitung, daher Stufe des Löwen, ist Nihilismus, Revolte und Verweigerung. Erst auf der nächsten, dritten Stufe, der Unschuld des Kindes, ist der Geist «frei geworden für sein eigenes Wollen, für die Schaffung neuer Werte».[23] Erst jetzt wird er, «indem er sich autonom als den einzig autorisierten Urheber von Werten setzt, zum Geist im eigentlichen und ursprünglichen Sinn. Wie der Phönix aus der Asche steigt und dabei die Asche hinter sich zurücklässt, so lässt der Geist, der zum Kind geworden ist, seine Vergangenheit hinter sich zurück» und kann «bedingungs- und voraussetzungslos beginnen».[24]

Albert Camus: Logik des Absurden

Über den dritten hier als «häretisch» bezeichneten Denker, den Schriftsteller – immerhin einen Nobelpreisträger für Literatur – und Philosophen Albert Camus hat Annemarie Pieper

21 Ebd., S. 121 ff.
22 Ebd.
23 Ebd., S. 124 f.
24 Ebd., S. 125.

ebenfalls eine Monografie geschrieben. Wie der schlichte Titel *Albert Camus* und die Reihe «Grosse Denker» erwarten lassen, handelt es sich um eine umfassende Darstellung.[25] Pieper stellt ausführlich das Leben und die sich darin zeigende Persönlichkeit vor und noch ausführlicher das Werk. Sie schliesst mit einer Würdigung des Dichterphilosophen und einer Skizze der Wirkung.

Als eines der Kernthemen des Werkes untersucht die Autorin, was sie schon zehn Jahre vorher in einer Abhandlung in der *Zeitschrift für philosophische Forschung* im Titel ankündigt, Camus' «Absurde Logik». In der Monografie minimal zur «Logik des Absurden» abgewandelt, stellt sie dem jetzt aber «Das Problem der Einheit» voran.[26, 27] Es sei nämlich «gewissermassen der Motor, der menschliches Streben in Bewegung hält und Camus geradezu nötigt, den Menschen als das nach Einheit verlangende Wesen zu definieren».[28] Nach Pieper lässt sich die Idee der Einheit in drei Teilbereiche untergliedern: (1) in die unproblematische «natürliche, kreatürliche Einheit», (2) in «das Faktum der absurden Zweiheit, das die Zerrissenheit des menschlichen Seinsvollzugs anzeigt, um deren Aufhebung die Logik des Absurden mit Argumenten kämpft» und (3) in die positiven «Gestalten der Einheit, die einerseits in der Interaktion von Individuen als Moral, Recht und Politik, andererseits durch die schöpferische Tätigkeit des Philosophen und Künstlers nicht im Sinne einer Illusion oder Utopie hervorgebracht werden, sondern als Regulativ bzw. als Korrektiv einer sinnentleerten Welt».[29]

---

25 Pieper 1984.

26 Pieper 1974.

27 Pieper 1984, S. 66 ff.

28 Ebd.

29 Ebd.

Camus spricht von einer Zerrissenheit. Der Mensch lebe nämlich aus einem grundlegenden Missverhältnis, dem Zwiespalt zwischen einem hohen Sinnanspruch, der Sehnsucht nach Einheit, Glück und innerer Übereinstimmung, und dem Schweigen oder sogar der Feindseligkeit der Welt, denn in seinem Leben erfahre man ausser der genannten Zerrissenheit auch Fremdheit. Der Mensch will jedenfalls an den Sinn des Lebens glauben, obwohl es diesen Sinn nicht gibt. Aus diesem Zwiespalt entsteht nun laut Camus ein Lebensgefühl, das er als absurd bezeichnet, und er hält das Absurde für die «unhintergehbare Voraussetzung, das schlechthinnige Apriori jedweden Menschlichen Denkens und Tuns».[30] Verstärkt werde das Absurde durch die genannte Zerrissenheit, zusätzlich eine Fremdheit, die man in seinem Leben erfahre. Überdies sei man unausweichlich und unerbittlich dem Tod ausgeliefert.

Camus gibt sich mit seiner Diagnose, dem Lebensgefühl des Absurden, nicht zufrieden, sondern fragt, wie schon angedeutet, wie man die im Absurden enthaltene Herausforderung zu bewältigen hat: Ist der Mensch fähig und bereit, das Lebensgefühl des Absurden auszuhalten? Oder soll er, weil er den Zwiespalt nicht zu ertragen vermag, einen Ausweg suchen? Eine derartige Vermeidungsstrategie, die sich anscheinend dafür anbietet, die «gewaltsame Beendigung des Lebens, sei es durch Selbstmord oder Mord», lehnt Camus ab.[31] Denn «Selbstmord und Mord sind [...] zwar Handlungen, durch die das Absurde aufgehoben wird, aber sie bedeuten zugleich den endgültigen Verzicht auf jene Einheit, auf die menschliches Streben einen unbedingten Anspruch hat, und damit den Triumph der Unmenschlichkeit über die Menschlichkeit».[32] Um

30 Ebd., S. 91 ff.

31 Ebd., S. 139.

32 Ebd.

diesen Triumph verwirklichen zu können, darf man weder sich noch andere töten, weshalb die Logik des Absurden ein einziges Postulat kennt, die «Aufforderung, zu leben».[33]

Ebenso wie den Selbstmord und den Mord – man darf hier an Jean-Paul Sartres Theaterstück *Les Mains Sales/Die schmutzigen Hände* denken, deren Botschaft, Mord als ein Akt der Freiheit, Camus also widerspricht – lehnt Camus alle «Transzendenzbewegungen ab, sofern sie Ausdruck einer Hoffnung sind, der Hoffnung nämlich, das Absurde auf ein Jenseits hin überschreiten und aufheben zu können».[34] Das Muster dieses Denkens sieht Camus in Kierkegaard, also dem Begründer der Existenzphilosophie, der in der christlichen Existenz die höchste Lebensform gesehen hatte, aber, räumt Pieper ein, von Camus nicht ganz adäquat verstanden wurde.

Seine Gegenposition formuliert Camus in einem Tagebucheintrag, den Annemarie Pieper zitiert: «Wenn es notwendig ist, zum Christentum zurückzukehren, um den Nihilismus zu überwinden, können wir ebensogut einen Schritt weitergehen und das Christentum durch den Hellenismus überwinden.»[35] Camus spricht hier auch vom «mittelmeerischen Denken». Mit beiden Ausdrücken, dem Hellenismus und dem mittelmeerischen Denken, ist das Denken der antiken Griechen gemeint, deren Prinzip er – für mich überraschenderweise – nicht in der Eudaimonie, sondern in der Autonomie sieht. «Am *wohlsten*», heisst es an anderer Stelle des Tagebuchs, fühle er, Camus sich «in der Welt des griechischen Mythos.» Der Grund: «Die Griechen räumten dem Göttlichen seinen Platz ein. Aber das Göttliche *war nicht alles.*»[36]

---

33 Ebd., S. 101.

34 Ebd., S. 98 f., 179 f.

35 Ebd., S. 157 ff.

36 Ebd.

Für Camus gibt es drei Prototypen eines sich in Auflehnung und Freiheit vollziehenden Lebens. Ein erstes Vorbild ist, wie schon bei Kierkegaard, dort aber weniger positiv gesehen, der Verführer, also Don Juan, der die unmögliche «ewige Liebe» durch die immer wieder neu gegenwärtige Erfüllung ersetzt. Als zweiter Prototyp gilt der Schauspieler, da er die unendliche Vielfalt wechselnder Rollen verkörpert. Weiterhin setze der Eroberer der Hoffnung aus das Ewige die geschichtliche Tat entgegen. Als höchsten Prototyp wird jedoch der Künstler eingeschätzt, wobei Camus vor allem an das eigene Metier denkt, an das des Schriftstellers, der in seinem Fall zahlreiche Romane und Theaterstücke sowie zwei aussergewöhnlich wirkungsvolle und wirkungsmächtige Schriften verfasst, die Essays *Der Mythos des Sisyphos* und *Der Mensch in der Revolte.*

Der Titelheld des ersten Essays, Sisyphos, eine Gestalt der griechischen Mythologie, ist bekanntlich von den Göttern verurteilt worden, «einen Felsblock unablässig den Berg hinaufzuwälzen, von dessen Gipfel der Stein kraft seines Gewichts wieder hinunterrollte. Sie meinten nicht ganz ohne Grund, es gäbe keine grausamere Strafe, als unnütze und aussichtslose Arbeit.»[37] Sobald nun Sisyphos dieses absurde Schicksal annimmt, wird er zu dessen Herrn, weshalb Camus seinen nur fünf Seiten langen Essay mit den berühmten Worten schliesst: «Der Kampf gegen Gipfel vermag ein Menschenherz auszufüllen. Wir müssen uns Sisyphos als einen glücklichen Menschen vorstellen.»[38] Bei entsprechender Einstellung lohnt also das Leben die Mühe, gelebt zu werden.

In der zweiten Schrift ergänzt Camus den Sisyphosmythos um einen zweiten griechischen Mythos, den des Prometheus.

37 Camus 1958, S. 141.

38 Ebd., S. 145.

Der Dichterphilosoph setzt dessen Wesen, das ewige Sich-Empören, gegen zwei andere Arten des Sich-Auflehnens ab, gegen die «metaphysische Revolte», mit der ein Mensch sich «gegen seine Lebensbedingung und die ganze Schöpfung auflehnt», und gegen die «historische Revolte», die sich ein utopische Ziel setzt und dieses mit Gewalt zu erreichen versucht.[39] Prometheus hingegen revoltiert nach Camus gegen die Sinnlosigkeit der Welt und setzt ihr die Liebe zum leidenden Menschen, die Solidarität, entgegen.

Aus Annemarie Piepers abschliessender Würdigung hebe ich nur einen Grund hervor, warum Camus' «erhellenden Analyse der absurden Befindlichkeit des Menschen», nämlich der «Unverhältnismässigkeit zwischen dem Anspruch des Menschen und der Realität» eine «ungebrochene Aktualität» zukomme: In nahezu allen Lebensbereichen führt «der einzelne einen aussichtslosen Kampf gegen Übermächte, die ihn verneinen. Das Gefühl des Absurden stellt sich für den sensiblen und kritischen Zeitgenossen, der mit wachem Geist das Geschehen in der Welt verfolgt, tagtäglich von neuem ein in der Scheinroutine des Alltags ebenso wie in Krisensituationen und in erhabenen Augenblicken.»[40] Glücklicherweise sind es nur «nahezu», aber nicht alle Lebensbereiche, für die diese Diagnose zutrifft. Selbst wenn das Gefühl des Absurden sich tagtäglich von neuem einstellt, muss es nicht das einzige und ausschliessliche Lebensgefühl des Menschen sein. Zusätzlich darf man, so mein Vorschlag, Camus' dritten Prototyp der sachgerechten Auseinandersetzung mit dem Absurden nicht zu eng verstehen. Warum sollte man den Prototyp, den Künstler, nicht um Wissenschaftler und nicht literarische Autoren erweitern, überdies um herausragende Lehrer wie etwa Monsieur

39 Ebd., S. 126 f.

40 Pieper 1984, S. 180 f.

Germain, den Camus seiner Autobiografie *Le premier homme* zufolge in seiner Schulzeit erleben durfte.

In diesem Sinn muss man Annemarie Piepers stets hochkompetente und nicht minder hochengagierte Tätigkeit als Hochschullehrerin und Kollegin, als Fernsehmoderatorin, Schriftstellerin und Rednerin, nicht zuletzt ihren persönlichen Umgang nicht als einen aussichtslosen Kampf gegen das Individuum verneinende Übermächtige einschätzen. Im Gegenteil! Zumindest nach meiner Erfahrung hat Annemarie Pieper «in Theorie und Praxis» gezeigt, wie man der Aufforderung, sein eigenes Leben höchstpersönlich in Freiheit zu vollziehen, sichtbar und erfolgreich nachkommen kann.

Bibliografie

Camus, Albert: Der Mythos von Sisyphos, Düsseldorf 1958.

Pieper, Annemarie: Geschichte und Ewigkeit bei Søren Kierkegaard. Das Leitproblem der pseudonymen Schriften, Meisenheim 1968.

Pieper, Annemarie: «Absurde Logik. Albert Camus' Grundlegung einer Philosophie des Lebens», in: Zeitschrift für Philosophische Forschung 28, 3 (1974), S. 424–433.

Pieper, Annemarie: Albert Camus, München 1984.

Pieper, Annemarie, «Ein Seil geknüpft zwischen Tier und Übermensch». Philosophische Erläuterungen zu Nietzsches erstem «Zarathustra», Stuttgart 1990.

Pieper, Annemarie: Søren Kierkegaard, München 2000.

Glück

Glückssachen und Lebensformen

Dagmar Fenner

Einleitung

Es war ein grosser Glücksfall, dass ich nach meiner Schulzeit in der Innerschweiz nach Basel kam, wo Annemarie Pieper den Lehrstuhl für praktische Philosophie innehatte. Da ich ein Doppelstudium in Philosophie und Germanistik und daneben noch Musik vorhatte, entschied ich mich für diesen Studienort eigentlich wegen des Kontrabasslehrers an der Basler Musikakademie. Mit Annemarie Pieper verband mich aber nicht nur die grosse Nähe zur Kunst. Die von ihr angebotenen Themen zur Ethik und Existenzphilosophie und ihre temperamentvolle, erfrischende Art des Unterrichtens übten auf mich von Anfang an eine enorme Anziehungskraft aus. Mit den abstrakten Fragestellungen der theoretischen Philosophie konnte ich demgegenüber deutlich weniger anfangen. Ich musste daher richtig lachen, als ich Piepers Bericht über ihren ersten Kontakt mit der Philosophie las: Es war der Besuch einer Vorlesung über den Strukturwandel der abendländischen Metaphysik des neu an die Universität in Saarbrücken berufenen Transzendentalphilosophen Hermann Krings:

> Zuerst dachte ich noch, meine Ratlosigkeit würde sich mit der Zeit schon legen. Als ich jedoch nach einigen Wochen immer noch nicht begriff, was es mit dem Seienden, insofern es ist, und der Unwahrheit des Nichtseienden auf sich hat, ganz abgesehen von den Merkwürdigkeiten einer Rede über das Logoshafte des Logos und über Formen des Wissens, die strukturell ein Nicht-

wissen sind, fühlte ich mich reichlich düpiert. Dem neuen Professor gegenüber drückte ich beim Einholen des Testats mein blankes Staunen darüber aus, dass man für so etwas auch noch bezahlt würde. Das Lachen, das darauf folgte, ist mir unvergesslich und auch die Aufforderung, mich doch einmal ernsthaft auf die Sache der Philosophie einzulassen.[1]

Existenzphilosophie und Ethik waren Pieper näher, weil es dort um «Handfestes» geht: um die Sinnkrisen, Probleme und Konflikte der Menschen in ihrem alltäglichen Leben.[2] Auch ich habe mich nach dem Studium auf Ethik und Angewandte Ethik spezialisiert und versuche, mit philosophischen Büchern zu drängenden gesellschaftlichen Fragen und einer ebenso grossen Freude am Unterrichten, Piepers Erbe bestmöglich weiterzutragen. Zu grossem Dank bin ich ihr auch verpflichtet, weil sie mir nach dem Studium viele Vorträge und Anfragen weiterleitete, wobei sie mich als ihre «Schülerin» empfahl. Ich habilitierte mich in Basel mit einer Schrift über das Glück, womit die persönliche Motivation für die Themenauswahl begründet ist.

Was ist Glück?

Ich stütze mich im Folgenden hauptsächlich auf Piepers Buch *Glückssache. Die Kunst, gut zu leben*, das im Jahr 2001 erschienen ist. In Piepers Worten ist es «der grösste gemeinsame Nenner der Menschheit, dass ein Leben ohne Glück als sinnlos erachtet wird».[3] Alle Menschen möchten glücklich sein und in ihrem Leben Erfüllung finden. In der antiken Philosophie war

1 Pieper 1994, S. 117.

2 Vgl. ebd., S. 118, sowie Obermüller 21.7.2002.

3 Pieper 2001a, S. 17 und 9.

es vor allem Aristoteles, der in seiner *Nikomachischen Ethik* das Glück systematisch reflektierte: es sei das höchste und umfassendste Ziel, nach dem Menschen in all ihren Handlungen und Entscheidungen streben.[4] Pieper schreibt im Vorwort ihres Buches, dass das Schreibprojekt für sie ein «Glücksfall» war. Denn «all meine philosophischen Interessen berühren sich in der Frage nach dem Glück und dem Sinn eines guten Lebens».[5] Doch was ist überhaupt «Glück»? Schon Aristoteles stellte nüchtern fest, dass zwar alle Menschen das gleiche Ziel vor Augen haben, aber sich ganz Unterschiedliches unter «Glück» – griechisch «eudaimonia» – vorstellen. Wie definiert Pieper den Begriff und was ist ihr eigener Beitrag zur Philosophie des Glücks?

In formaler Hinsicht fällt zunächst auf, dass Pieper in ihren zahlreichen Texten und Vorträgen zum Thema sehr viele starke Bilder, Metaphern, Gleichnisse, Mythen und Utopien verwendet. Für ihre Art des lebensnahen Philosophierens und ihre schriftstellerische Freude an der Sprache ist dies durchaus typisch. Sie erinnert an die vielen künstlerischen Imaginationen vom Paradies oder von «Inseln der Glückseligkeit», auf die man sich aus all den Nöten des Daseins rettet, um neue Kraft zu schöpfen.[6] Auch Schilderungen von Utopien des Glücks sowie ihre dystopische Kehrseite nehmen in ihrer Glücksphilosophie viel Raum ein. Mit dem Thema Utopien setzt sich Dominik Perler in seinem Beitrag «Realutopien» eingehender auseinander, sodass ich darauf nicht näher eingehe. Pieper knüpft an alltägliche Redensarten und Märchen an, z. B. an «Hans im Glück» oder das Versprechen des Glücks der Liebe von zwei Menschen, die sich gefunden haben und unzer-

4 Vgl. Aristoteles, NE 1, 1095a 15 ff.

5 Pieper 2001a, S. 11 f.

6 Vgl. ebd., S. 10 ff.

trennlich gemeinsam durchs Leben gehen:[7] «Und sie lebten glücklich bis ans Ende ihrer Tage» – so märchenhaft enden bekanntlich viele von ihnen. Pieper liebte Gleichnisse und Mythen. Wer bei ihr studierte, wird sich lebhaft an Platons Höhlengleichnis erinnern, das sie beinahe in jeder Vorlesungsreihe plastisch schilderte und das einfach in jedem Kontext passte! Im Zusammenhang mit Glück hat sich Pieper intensiv mit dem Mythos von Sisyphos nach Albert Camus beschäftigt, demzufolge man sich Sisyphos als glücklichen Menschen vorstellen müsse.[8] Im Beitrag «Vom Glück, man selbst zu sein», setzt sich Anton Hügli mit möglichen Interpretationsweisen dieses «Mythos» auseinander.

Bildhaft erklärt Pieper auch das Wort «Glück», das sich vom mittelhochdeutschen Wort «g(e)lücke» herleitet.[9] Gemeint ist damit vermutlich das Schliessen eines Schlosses oder einer Lücke z. B. durch einen Deckel, der auf ein Gefäss oder eine offene Stelle gelegt wird. Die mutmassliche Bedeutung wäre dann «etwas schliesst gut» oder «trifft sich gut». Pieper zeigt auf, dass im Gegensatz zu vielen anderen Sprachen das deutsche Wort «Glück» nicht zwischen einer äusserlichen und innerlichen Glückskomponente unterscheidet. Im lateinischen «fortuna», französischen «fortune» und englischen «luck» geht es um unverdiente günstige Lebensumstände, sozusagen um glückliche Zufälle. Die Göttin Fortuna schüttet ihr Füllhorn willkürlich aus, nicht nach Anspruch oder Leistung. Wer zu den Begünstigten zählt, wähnt sich glücklich und preist die Götter oder das Schicksal, das es so gut mit einem meint. Eini-

7 Vgl. zum «märchenhaften Glück» ebd., S. 17–22 und 2004, S. 15.

8 Vgl. dazu Piepers Beitrag «Sisyphos im Glück» (2001b).

9 Vgl. Pieper 2001a, S. 32 f. Vgl. zu den folgenden terminologischen Unterscheidungen bezüglich des «Glücks» auch Fenner 2003, S. 150 f.

ge trifft das Schicksal jedoch unverschuldet hart, und wieder andere haben Glück im Unglück und überleben z. B. einen schweren Unfall.

In der Philosophie geht es aber meist nicht um ein solches «Glück haben», sondern um das «glücklich sein». Glück ist dann ein inneres, höchst positives Erleben, ein Zustand der Erfüllung. Für das Zustandekommen dieses Glücks im Sinne von lateinisch «felicitas» oder französisch «félicité» können wir anders als beim Zufallsglück einiges tun. Durch den persönlichen Einsatz ist es durchaus möglich, die vorgefundenen Lebensumstände kontinuierlich zu den eigenen Gunsten zu verbessern. Wenn jemand Karriere macht, hat er dabei meist von vielen glücklichen Umständen profitiert. Im Wesentlichen hat er aber, so Pieper, sein Glück selbst «gemacht».[10] Sie verwendet dafür das Bild des Hufeisens:[11] Das «Hufeisenglück» ist die eigene Leistung eines tüchtigen Schmiedes, der seine wesentlichen Ziele erreicht und dem das Leben dank Anstrengungen «glückt» oder gelingt. Ein beliebtes Sprichwort ruft uns dazu auf, nicht auf das Glück zu warten, sondern mehr dafür zu tun: Denn «Jeder ist seines eigenen Glückes Schmied». Für die dritte und höchste Form des Glücks, die Glückseligkeit steht etwa lateinisch «beatitudo» oder französisch «boneur». Bei diesem vollkommenen Glückszustand braucht man neben der eigenen Anstrengung auch noch den Beistand der Götter.

Piepers Anschauungsbeispiel für das Hufeisenglück des tüchtigen Schmieds ist der Aufstieg vom Tellerwäscher zum Millionär. Ich persönlich halte dies eher für ein neoliberales amerikanisches Märchen, das über miserable Arbeits- und Aufstiegsbedingungen sozial benachteiligter Menschen hinwegtäuscht. Es soll hier versucht werden, anhand von Piepers

10 Vgl. Pieper 2001a, S. 33.

11 Vgl. Pieper 2004, S. 15 f.

eigenem Werdegang das Ineinandergreifen von glücklichen Umständen, Glück im Unglück und grossen eigenen Anstrengungen zu illustrieren:

Annemarie Pieper wuchs im Krieg auf und ging zur Schule in einer Riesenklasse zusammen mit 52 anderen Mädchen. Ihr Vater fiel im Krieg, und die Mutter konnte die Schulbücher nicht bezahlen. Daher galt sie als die vaterlose «arme Annemarie» mit einem Makel, wie damals uneheliche Kinder behandelt wurden. Nach der Schule sagten alle zu ihrer Mutter: «Ach lassen Sie das Kind doch Verkäuferin werden.» Doch diese erwiderte: «Nein, meine Tochter wird Professorin.»[12] Da sie gerne Sprachen lernte, besuchte sie zunächst das Dolmetscher-Institut. Später stieg sie um auf das Studium der Germanistik und Anglistik, musste aber für das Staatsexamen ein Philosophicum absolvieren. So kam es – schicksalhaft – zu der geschilderten Episode. Interessanterweise stachelte sie ihr Ärger über die Unverständlichkeit des philosophischen Geredes zum Studienwechsel zur Philosophie an. «Um mithalten und den Nachweis erbringen zu können, dass der philosophische Diskurs eine grandiose Hochstaplerei mit Worten war, blieb mir nichts anders übrig, als mich darin erst einmal einzuüben.»[13] Wie sie schildert, hätte sie mehrfach fast das Handtuch geworfen, strengte sich aber beharrlich an, entdeckte die Existenzphilosophie, wurde als einziges «Mädchen» in den erlesenen Doktorandenkreis aufgenommen – bis sich in ihren eigenen Worten «das Wunder ereignete», dass sie «philosophische Gedankengänge zu verstehen begann».[14] Ihr steiniger

12 Diese Zitate sowie sämtliche anderen Informationen in diesem Abschnitt stammen aus Piepers Schilderungen im NZZ-Interview von Obermüller 21.7.2002.

13 Pieper 1996, S. 117.

14 Ebd., S. 118.

Weg hin zu einer Professur als Frau in der damaligen Zeit wird in den beiden Beiträgen zum Feminismus von Katrin Meyer und Patricia Putschert angesprochen.

Das «gute Leben» und die je eigene Lebensform

Kommen wir zurück zu Piepers Glücksphilosophie: Wie der Untertitel verrät, knüpft sie das menschliche Glück an die Kunst, gut zu leben. Das «gute Leben» ist eine bestimmte Form der aktiven Gestaltung seines Lebens, bei der das Leben im Grossen und Ganzen positiv beurteilt und positiv erlebt wird. Es geht also weder um ein Zufallsglück noch auch um einzelne positive Glücksmomente, sondern um ein anhaltendes Lebensglück.[15] Piepers Buchtitel *Glückssache* ist insofern irreführend, als wir alltagssprachlich damit eher günstige Umstände meinen – etwa wenn wir sagen: «Das war einfach Glückssache.» Es geht ihr aber ganz im Gegenteil um individuell entwickelte Vorstellungen von einem guten Leben, die als Zukunftsentwürfe dem eigenen Leben eine grobe und vorläufige Richtung geben.[16] Je nach den gemachten Lebenserfahrungen muss der Entwurf revidiert werden, damit er sich erfolgreich umsetzen lässt. Er verfestigt sich dann mehr und mehr zu einer Grundhaltung, die den Charakter oder die persönliche Identität eines Individuums ausmacht. Die «Lebensform» ist ein solch selbst gewählter und kreativ ausgestalteter Selbst- und Lebensentwurf, und der Prozess ihrer Realisierung stellt eine «Selbst-Verwirklichung» dar. Dabei kommt es nicht auf die Menge der einzelnen erlebten Glücksmomente an. Entschei-

---

15 Vgl. Pieper 2001a, S. 189, zur Differenzierung in verschiedene Formen des Glücks Horn 2011, S. 381.

16 Vgl. Pieper 2001a, S. 27 f.

dend ist vielmehr, dass der gewählte Lebensentwurf in sich stimmig ist. Dann vermag eine glückliche Stimmung aufgrund der Bejahung des gesamten Lebensentwurfs auch gelegentliche Eintrübungen zu überdauern. Ein zeitweiliges Scheitern wird nicht als Katastrophe erlebt, sondern als vorübergehender Mangel an Erfolg.

Was für eine Lebensform und was für eine Art Glück man wählt, hängt nach Pieper entscheidend davon ab, was für ein Mensch man ist:[17] So wird für einen Genussmenschen die Befriedigung seiner sinnlichen Bedürfnisse stets im Vordergrund stehen. Eine handwerklich Begabte hingegen wird ihr Glück in der Betätigung ihrer Hände, ein altruistisch Veranlagter im Dienst an den Mitmenschen finden. Natürlich ist niemand vollständig determiniert durch seine Veranlagung. Die verschiedenen vorhandenen Neigungen und Talente lassen sich in Grenzen durchaus bewusst abschwächen oder verstärken. Ein Genussmensch dürfte allerdings mit der Lebensform eines Asketen kaum glücklich werden. Er kann sich höchstens entscheiden, in welchem Ausmass und in welcher Weise er seine Bedürfnisse befriedigen will.

Die Realisierung der gewählten Lebensform kann jedoch jederzeit durch gravierende unvorhergesehene Hindernisse und Schicksalsschläge ins Stocken geraten. Es reichen dann oberflächliche Kurskorrekturen nicht mehr aus, sondern das Leben als Ganzes erscheint als sinnlos.[18] Einigen Menschen mag die Religion Trost spenden, die sie auf ein jenseitiges Glück hoffen lässt. Viele schaffen es auch, dank tragfähiger Beziehungen und liebevoller Zuwendung aus ihrer Verzweiflung wieder aufzutauchen. Andere stellen sich in ausweglosen Lagen aber die Frage, ob sich ein Leben ohne Aussicht auf ein Mini-

---

17 Vgl. ebd., S. 28 f.

18 Vgl. 2001a, S. 29 f., näher ausgeführt in Fenner 2007, S. 88 ff.

mum an Glück überhaupt noch lohnt. Denn in eine Lebensform ist man hineingewachsen, und man ist eingeschworen auf bestimmte Glückserfahrungen. Es ist sehr schwer, ein anderer Mensch zu werden und ein neues Glück zu finden.

Nur eine kleine biografische Randnotiz zur Frage des Lebensentwurfs: Nach autobiografischen Äusserungen wollte Pieper schon als Kind immer Schriftstellerin werden.[19] Nach all den vielen Jahrzehnten des Edierens und Schreibens akademischer Schriften fürchtete sie zwar, diesen Stil nicht mehr loszuwerden. Doch als sie im Pensionsalter endlich die Musse zum Schreiben fand, veröffentlichte sie noch drei Romane und hat sich damit ihren lang gehegten Traum verwirklicht.

Ganzheitliches Glück von Kopf, Herz und Bauch

In ihrem Glücksbuch geht Pieper methodisch von der Annahme aus, dass es sich nicht auf direktem Weg ermitteln lässt, was Glück genau ist.[20] Sie wählt daher eine indirekte Darstellung des Glücks über die Schilderung von Lebensformen. Denn jede Lebensform enthält eine Vorstellung von Glück, die festlegt, was im Leben als erstrebenswert gilt und was zu meiden ist. Pieper stellt im Buch sechs verschiedene Lebensformen vor, auf die ich hier nicht im Detail eingehen kann. Die Palette reicht von einer ästhetischen Lebensform mit sinnlichem Glück über eine politische und ethische Lebensform bis hin zu einer religiösen mit einem kontemplativem Glück. Bei diesen Lebensformen handelt es sich aber wohlgemerkt um Typisierungen: Sie kommen in der Realität nie in Reinform vor, sondern jeder Mensch bildet letztlich eine ganz individuelle eigene

19 Vgl. Obermüller 2002 sowie Pieper 1996, S. 116 f.

20 Vgl. Pieper 2001a, S. 37.

Mischform aus. Piepers philosophische Kritik richtet sich insbesondere auf die eindimensionalen Lebensformen, die entweder nur ein sinnliches Glück oder nur ein geistig-sittliches Glück verabsolutieren. Anstelle dieser Extremformen plädiert sie für ein ganzheitliches Glück, bei dem alle Vermögen oder Körperregionen des Menschen gleichermassen berücksichtigt werden. Sie nennt dies ein «Glück von Kopf, Herz und Bauch». Ihr Beitrag zum interdisziplinären Metzler-Handbuch *Glück* ist entsprechend überschrieben mit dem vielsagenden Titel: *Glück zwischen Sinnlichkeit und Geist. Von der Lust zur geistigen Ekstase und zurück.*[21]

Glück des Geistes: sittliche und ethische Lebensform

Werfen wir zunächst einen Blick auf den geistigen Extrempol: auf die «sittliche» und «ethische Lebensform» mit einem leidenschaftslosen, unsinnlichen Glück: Es gibt in der Philosophie eine ganze Reihe von tugendethischen Konzepten, die von einer Harmonie oder sogar Identität von Glück und Moral ausgehen. Gemäss einer groben Systematisierung handelt es sich um die Harmonie- und Koinzidenzthese.[22] Ein Vertreter der Koinzidenzthese ist der platonische Sokrates mit seinem Plädoyer für ein asketisches Glück:[23] Glücklich sei, wer ein gutes, d. h. tugendhaftes Leben führe. Um das Wahre und Gute zu erkennen und glücklich zu werden, müsse sich die Seele so weit wie möglich von der Sinnlichkeit des Leibes reinigen. Der Sinn des Philosophierens bestehe darin, sich schon während

21 Pieper 2011, S. 28.

22 Die Typologie zum Verhältnis von Glück und Moral geht zurück auf Horn 2011, S. 385.

23 Vgl. Pieper 2001a, S. 204 f.

des ganzen Lebens ins Sterben einzuüben, das zur endgültigen Trennung der Seele von allen leiblichen Bedürfnissen führt.

Aristoteles empfiehlt eine philosophische «theoretische Lebensform» des reinen Betrachtens, die völlig autark ist und der göttlichen Seinsweise und Glückseligkeit am nächsten kommt. Das dabei erlebte höchste Glück bestehe in der «Freude an der geistigen Selbstaktivierung der Vernunft, die in völliger Unabhängigkeit aus sich selbst und um ihrer selbst willen wirkt».[24] Um die spezifisch menschlichen Tätigkeiten der Vernunft, das Denken und das ethische Handeln ausüben zu können und also tugendhaft zu leben, muss man sich auch ihm zufolge von der störenden Körperlichkeit und sinnlicher Lust frei machen. Pieper distanziert sich klar von all diesen Versuchen, die Sinnlichkeit abzuwerten und das Genussglück unter der Hand durch ein unsinnliches geistiges Glück zu ersetzen. Sie spricht von einem «Gegenglück» des Geistes, das den Namen «Glück» aber nicht mehr verdiene und den Körper schwerlich darüber hinwegzutäuschen vermöge.[25]

Noch extremer ist jedoch die von Immanuel Kant vertretene ethische Lebensform, bei der Glück und Moral nun gänzlich auseinanderfallen bzw. in Konflikt miteinander stehen. Dies entspräche der «Dissonanzthese» des Glücks.[26] Für Kant ist «Glück» ein rein empirischer und subjektiver Begriff, der abhängig ist von faktischen natürlichen Bedürfnissen und Neigungen. Da der Mensch bei seinem Glücksstreben durch seine Natur determiniert ist, wird ein sinnliches Glück noch radikaler aus der Ethik verbannt.[27] Menschen sollen sich stattdessen

24 Vgl. ebd., S. 195.

25 Vgl. Pieper 2011, S. 27, die den Ausdruck von Gottfried Benn übernimmt.

26 Vgl. Horn 2011, S. 386.

27 Vgl. Pieper 2001a, S. 216 ff., sowie 2004, S. 25 f.

in das davon völlig abgekoppelte Reich der Freiheit und Moral begeben, wo die menschliche Vernunft sich autonom ihr eigenes moralisches Gesetz gibt. Durch moralisches Handeln aus Pflicht kann der Mensch allerdings lediglich «Glückswürdigkeit» erlangen, die erfahrungsgemäss nicht zwangsläufig mit Glück einhergeht. Kant postuliert in einer Art moralischem Gottesbeweis, dass es einen Gott geben muss, der die Glückswürdigkeit proportional mit Glücksseligkeit im Jenseits belohnt. Wiederum kritisiert Pieper diese «Hilfskonstruktion» als höchst unbefriedigend, weil es sich beim versprochenen Glück um ein völlig anderes, unsinnliches Glück handle.[28]

Glück der Sinnlichkeit: hedonistische und ästhetische Lebensform

Wenden wir uns noch kurz dem Gegenmodell einer «ästhetischen Lebensform» zu, bei der Pieper beide Bedeutungen von griechisch «aisthesis» mitmeint:[29] Neben der ursprünglichen Bedeutung von «sinnliche Wahrnehmung» mit der damit verbundenen sinnlichen Lust geht es auch um eine ästhetisch-künstlerische Gestaltung des Alltags und seines Lebens. Bei der ersten Bedeutung ist vor allem an den Hedonismus zu denken, zu griech. «hedone»: «Lust».[30] In der antiken Philosophie etwa bei Epikur ging es aber keineswegs um ein sinnliches Glück der momentanen Bedürfnisbefriedigung und ein raffiniertes Schlemmertum, wie es oft missverstanden wurde. Ziel ist vielmehr ein Zustand der Schmerzfreiheit und Seelenruhe, er-

---

28 Vgl. Pieper 2001a, S. 228.

29 Vgl. ebd., S. 39 ff.; 2011, S. 25 f.

30 Vgl. ebd., S. 42–50.

reichbar durch Masshalten, Askese und Beschränkung auf notwendige Bedürfnisse.[31]

Interessanter erscheint mir aber eine «ästhetische Lebensform» in der zweiten Bedeutung von «aisthesis» zu sein: Hier kommen nämlich die Dichterphilosophen Kierkegaard, Nietzsche und Camus ins Spiel, denen Pieper besonders zugetan war. In Søren Kierkegaards Hauptwerk *Entweder – Oder* (1843) wird die ästhetisch-hedonistische Existenzweise durch viele literarische Figuren wie etwa Don Giovanni oder den Verführer Johannes repräsentiert: Ihnen geht es nicht nur um die reine Lust auf der Ebene der Sinnlichkeit, also z. B. bei der erotischen Vereinigung mit immer neuen Frauen. Im Zentrum steht vielmehr ein reflektierter Genuss, der sich wesentlich im Kopf abspielt.[32] Zu diesem Zweck wird der ganze Prozess von der Verführung bis hin zur Trennung der Liebenden wie ein Kunstwerk gestaltet und inszeniert. Erforderlich sind hohe Selbstkontrolle, die Begrenzung und Hinauszögerung der Befriedigung und der Genuss in der literarisch-reflexiven Rückschau des Geschehens. Wie der Titel von Kierkegaards Hauptwerk verrät, muss sich ein Mensch entscheiden zwischen dieser ästhetischen und einer ethischen Lebensform.

Auch Friedrich Nietzsche hat der ästhetischen Existenzweise und einem sinnlichen Glück in einer bildhaften Sprache ein Denkmal gesetzt, vornehmlich in Aphorismen und Gedichten.[33] Oft hat er die Lust am Dasein als «dionysisches Glück» beschrieben, das vor allem in der Musik und im Tanz zum Ausdruck kommt und sich der begrifflichen Sprache entzieht. Aus Sicht des frühen Nietzsche sind das menschliche

---

31 Zu dieser als «negativer Hedonismus» bezeichneten Position vgl. Fenner 2007, S. 40–43.

32 Vgl. Pieper 2001a, S. 52–59.

33 Vgl. ebd., S. 60–67.

Dasein und die Welt überhaupt nur als «ästhetische Phänomene» gerechtfertigt. Kunst und Leben sollen verschmelzen und das Leben als Kunstwerk gestaltet werden. Seine Kunstfigur Zarathustra steht für einen neuen Menschentypus des «Übermenschen», der über sich selbst hinaus strebt und sich selbst schafft. Er hat die Lustfeindlichkeit und Askese der traditionellen Moral überwunden und die Sinnlichkeit vom Druck des Geistes erlöst. Der befreite Geist erweitert sich zur «grossen Vernunft» des Leibes. Allerdings handelt es sich nach Piepers Darstellung nicht um eine Harmonie von Kopf, Herz und Bauch. Vielmehr rivalisieren diese Kräfte miteinander und steigern sich in diesem Wettbewerb. Daraus ergebe sich ein sinnlich verhaftetes, aber zugleich übersinnliches Glück.[34]

Sehr gut erinnere ich mich auch an ein Pieper-Seminar zu den frühen Schriften von Albert Camus, in denen das Glück der Einheit mit der Natur oder in der Liebe geradezu hymnisch besungen wird.[35] Auch hier handelt es sich um sinnliche Beziehungen, die über die erotische Komponente hinaus auch eine künstlerische aufweisen.

Pieper macht keinen Hehl daraus, dass aus ihrer Sicht die Glücksform des reflektierten Genusses der kierkegaardschen Figuren eine «besondere Attraktivität» besitzt.[36] Kierkegaard selbst hat aber den sogenannten «Ästhetikern» einen «Ethiker» als Gegenspieler gegenübergestellt: einen glücklich verheirateten Gerichtsrat. Dieser wirft seinem Dichterfreund vor, dass es ihm immer nur um die Steigerung des eigenen Glücks geht, ohne das Glück oder Unglück der anderen zu beachten.[37] Die Mitmenschen werden instrumentalisiert und sind nur Mit-

---

34 Vgl. Pieper 2011, S. 30.

35 Vgl. Pieper 2001a, S. 75 ff.

36 Vgl. Pieper 2011, S. 26.

37 Vgl. ebd., S. 27 sowie 2000, S. 61–82.

tel zum Zweck des Geniessens. Dies sei egoistisch, unsozial und menschenverachtend und verhindere ein dauerhaftes Glück im menschlichen Miteinander. Auch Nietzsches Zarathustra lehrt die Einsamkeit und fordert dazu auf, die eigenen Potenziale zu steigern. Dabei gilt es, das Mittelmass der Herdenmenschen und die nivellierende Sklavenmoral der Schwachen weit hinter sich zu lassen.[38] Nietzsches Amoralismus entspräche somit der «Unvereinbarkeitsthese» von Glück und Moral.[39]

Pieper favorisiert demgegenüber das Modell von Friedrich Schiller, um Kants Konflikt zwischen moralischer Pflicht und sinnlicher Neigung aufzulösen.[40] Ziel müsse es sein, die sinnlichen Antriebe seiner Natur mit den moralischen Ansprüchen der praktischen Vernunft in Einklang zu bringen. Sie seien beide gleichwertig, sodass die Moral nicht die Drahtzieherin sein könne. Bei Schiller gibt es kein «Entweder-Oder» zwischen Ästhetik und Ethik, sondern ein «Sowohl-als-auch». Das vermittelnde Vermögen nennt Schiller den «Spieltrieb», eine Art Einbildungskraft, die das sinnliche Glücksverlangen und moralische Sollen in einer ästhetisch-künstlerischen Selbstgestaltung versöhnt: Der Mensch ist nur da ganz Mensch und nur da ganz glücklich, wo er spielt.

Fazit zur Machbarkeit des Glücks

So viel ist klar geworden: Glück ist nach Pieper nur als gleichberechtigtes Zusammenspiel von Kopf, Herz und Bauch möglich. Es erfordert viel Kreativität und die erfolgreiche Umset-

38 Vgl. Pieper 2001, S. 101.

39 Vgl. Horn 2011, S. 386.

40 Vgl. Pieper 2001a, S. 243 f. sowie 2011, S. 27 und 30 f.

zung eines selbstentworfenen Lebenskonzepts. Philosophische Typologien von Lebens- und Glücksformen können die Menschen letztlich nur anleiten zur Selbstreflexion. In Interviews hebt Pieper immer wieder die Bedeutung der Musse hervor, um über sich selbst und sein Leben Klarheit zu gewinnen und auf neue Ideen zu kommen. Direkt darauf angesprochen, bekräftigt sie in einem Interview:

> Ja, ich plädiere für die Musse [...]. Mit Musse gewinnt man Distanz zu dem, wie man lebt und was man tut, und gerät ins Nachdenken. [...] Wer bin ich eigentlich? Was möchte ich noch gerne tun – im Alter, in das ich jetzt gelange? Was will ich loslassen? Was macht mir Freude? Was macht denen Freude, mit denen ich zusammen bin?[41]

Auf die Frage, was sie selbst glücklich mache, antwortete Pieper:

> Ich empfinde Befriedigung, wenn ich etwas ganz Vertracktes in Angriff nehme und es mir gelingt. Ich habe sehr ungeschickte Hände. Wenn ich etwas Kompliziertes zusammenbauen kann, zum Beispiel ein Möbelstück, und es steht da wie eine Eins, bin ich ganz stolz. Oder wenn ich in meinem Job Anerkennung finde mit Texten und Vorträgen, mit denen die Leute etwas anfangen können. Ich glaube an die Regel: Jeder ist seines Glückes Schmied.

Auf die ethisch problematische Seite dieses omnipräsenten Sprichworts habe ich im Zusammenhang meiner Beschäftigung mit dem Selbstoptimierungstrend hingewiesen:[42] Der individualistische Appell an die Selbstverantwortung der Einzel-

---

41 Im NZZ-Interview von Rauber 28.1.2007, ähnlich auch im NZZ-Interview von Obermüller 21.7.2002.

42 Vgl. Fenner 2019, S. 25–31.

nen könnte zu einer Entsolidarisierung der Gesellschaft führen. Aus einer moralischen Perspektive ist es jedoch geboten, unmenschliche Arbeits- und Lebensbedingungen zu beseitigen und sich für gleiche Glückschancen aller Menschen einzusetzen. Viele Menschen haben sehr ungünstige psychische, physische oder soziale Startbedingungen, machen traumatische Erfahrungen oder haben einfach Anlagen oder Begabungen, die in einer bestimmten Zeit und Gesellschaft kaum nachgefragt werden. In der empirischen Glücksforschung wurde nachgewiesen, dass die genetischen Faktoren einen persönlichen «Glücksfixpunkt» *(set point)* festlegen: eine Art Glücks-Grundwasserspiegel, der zu 50 bis 80 Prozent festlegt, auf welchem Niveau sich das Glück eines Menschen einpendelt, auch nach starken positiven oder negativen Erfahrungen wie z. B. Lottogewinnen oder Schicksalsschlägen. 10 Prozent machen die ebenfalls schwer beeinflussbaren Umstände aus, immerhin durchschnittlich 40 Prozent die eigenen Aktivitäten.[43]

Ein Interviewer der NZZ konstatierte 2007: «Frau Pieper, sie sind eine fröhliche Person. Kann nur ein humorvoller Mensch glücklich sein?»

Pieper: «Ich glaube, man muss auch über Dinge im Leben lachen können, die einem nicht gelingen. Man muss die komischen Seiten sehen. Wenn man ins Depressive abrutscht, tut man sich viel schwerer, sich wieder in Gang zu setzen und die Glücks-Chancen zu packen, die sich einem bieten.»[44]

---

43 Vgl. ebd., S. 65 f.

44 Rauber 28. 1. 2007.

Bibliografie

Aristoteles: Nikomachische Ethik, 2. Aufl., München 1995.

Fenner, Dagmar: Glück. Grundriss einer integrativen Lebenswissenschaft, Freiburg/München 2003.

Fenner, Dagmar: Das gute Leben, Berlin 2007.

Fenner, Dagmar: Selbstoptimierung und Enhancement. Ein ethischer Grundriss, Tübingen 2019.

Horn, Christoph: «Glück/Wohlergehen», in: Düwell, Marcus/Hübenthal, Christoph/Werner, Micha (Hg.): Handbuch Ethik, 3. aktual. Aufl., Stuttgart 2011, S. 381–386.

Obermüller, Clara: Interview mit Annemarie Pieper: «Ich war eine Art Underdog», NZZ am Sonntag, 21.7.2002.

Pieper, Annemarie: «Umwege zur Philosophie», in: Hauskeller, Christine/Hauskeller, Michael (Hg.): «…was die Welt im Innersten zusammenhält» 34 Wege zur Philosophie, Hamburg 1996, S. 116–122.

Pieper, Annemarie: Søren Kierkegaard, München 2000.

Pieper, Annemarie: Glückssache. Die Kunst, gut zu leben, Hamburg 2001a.

Pieper, Annemarie: «Sisyphos im Glück», in: der blaue reiter – Journal für Philosophie / Glück 14, 2001b, S. 22–25.

Pieper, Annemarie: «Das Glück der Philosophen», in: Alkofer, Andreas-Pazifikus (Hg.): Suche Glück! – Aber jage ihm nach? Philosophische und theologische Spuren eines grundlegenden Handlungsmotivs, Fribourg 2004, S. 15–29.

Pieper, Annamarie: «Glück zwischen Sinnlichkeit und Geist. Von der Lust zur geistigen Ekstase und zurück», in: Thomä, Dieter/Henning, Christoph/Mitscherlich-Schönherr, Olivia (Hg.): Glück. Ein interdisziplinäres Handbuch, Stuttgart/Weimar 2011, S. 25–31.

Rauber, Urs: Interview mit Peter Sauber und Annemarie Pieper: «Man muss das Glück packen», NZZ am Sonntag, 28.1.2007.

Vom Glück, man selbst zu sein

Anton Hügli

Liebe Annemarie. Ich hoffe, meine Leserinnen und Leser werden mir verzeihen, dass ich Dich in der Form anspreche, in der Du mir vertraut warst, insbesondere zuletzt noch, auf Deinem letzten Weg. Auch wenn Du nicht mehr da bist, bist Du mir so gegenwärtig wie je. Ich mag nicht in der dritten Person über Dich sprechen.

Wir haben uns über vieles unterhalten in den Jahren, in denen wir uns nähergekommen sind, näher als damals, als wir noch Kollegin und Kollege am Philosophischen Seminar waren. Es mag wohl zu der Zeit gewesen sein, als ich das Präsidium der Karl-Jaspers-Stiftung übernommen hatte. Du warst längst vor mir schon in deren Vorstand, auf Wunsch von Jeanne Hersch noch, in den 1980er-Jahren.

Unter den Dingen, über die wir uns unterhielten, waren so ernsthafte wie die, wo in der Stadt man wohl die schmackhaftesten Süssspeisen kriegen kann. Doch es gibt so vieles mehr, über das ich gerne mit Dir gesprochen hätte, und es erfüllt mich mit Trauer, dass dies nie mehr möglich sein wird. Am meisten aber betrübt mich heute, dass ich immer wieder nachzufragen versäumt habe, ob Du wirklich richtig liegst mit dem, was Du einst über Karl Jaspers und das Glück geschrieben hast. Es steht in Deinem Beitrag über Jaspers im Kontext der Existenzphilosophie, um den ich Dich damals für einen von mir herausgegebenen Sammelband gebeten hatte.[1]

1 Pieper 2021a.

Deine Ausführungen haben mich im Grunde schon beim ersten Lesen stutzen lassen. Ob Dir hier vielleicht nicht eine Deutungsmöglichkeit des Glücks entgangen ist,[2] die nicht nur für jeden Nachdenkenden von Bedeutung sein könnte, sondern Dich selbst auch auf Deinem eigenen Weg hätte bestärken können?

In Jaspers' Existenzphilosophie, schreibst Du, fehle «ein Begriff, der für seine Vorgänger ein wichtiger Aspekt der Lebenskunst war: der Begriff des Glücks. Vom Glück ist bei Jaspers nirgends die Rede, was vielleicht damit zusammenhängt, dass er es in seinem Leben vorwiegend mit dem Unglück der Menschen zu tun hatte, mit dem Leid der Patienten, das er aus den Akten der Psychopathologie kannte, mit den Schrecken des Zweiten Weltkriegs und des Holocaust, von denen er und seine jüdische Frau heimgesucht wurden, und nicht zuletzt mit den eigenen gesundheitlichen Beschwernissen. Für Glück ist deshalb kein Platz in seiner Existenzphilosophie.»[3]

Ganz anders dagegen steht es nach Deiner Ansicht mit Jaspers' Vorgängern und mit seinem etwas jüngeren Zeitgenossen Albert Camus: Trotz ihrer unterschiedlichsten Glücksvorstellungen «teilen sie doch die Überzeugung, dass selbst ein noch so hartes Schicksal Glücksmomente kennt, die das Leben erträglich machen, Hoffnung wecken, zum Weitergehen ermutigen oder auch einfach nur zur Entspannung beitragen». Und Dein Einverständnis mit ihnen signalisierend, fügst Du hinzu: «Ohne das Streben nach Glück als Antriebskraft in allen Phasen des Selbstwerdens wäre das Existieren nur Mühsal, der jede Art von Frohsinn und Heiterkeit abgeht. Menschsein ist nicht

2 In Deiner *Glückssache* (Pieper 2001) habe ich sie jedenfalls nicht gefunden.

3 Pieper 2021a, S. 28.

nur Last, sondern auch Lust, nicht nur scheiternde, sondern auch gelingende Anstrengung.»[4]

Kann es denn wirklich wahr sein, so frage ich mich, dass sich Jaspers dieser Einsicht verschlossen und jedem Glücksstreben *valet* gesagt hat? Es trifft sicherlich zu, dass er den Begriff «Glück» kaum – nicht nie – verwendet. Aber wie Du ja in anderen Zusammenhängen selbst betonst, ist das mit dem Wort «Glück» Gemeinte zu gross, als dass es je in einem Begriff eingefangen werden könnte. Man könne sich eigentlich nur in Geschichten erzählen, schreibst Du, «wie jemand sein Glück gefunden, gemacht oder verfehlt hat».[5] Doch dann müsste man wohl auch bei Jaspers darauf achten, ob bei ihm Glückhaftes nicht unter anderen Begriffen intendiert war. Und man wird dabei leicht fündig werden: So schon in der leitenden Frage in der *Psychologie der Weltanschauungen*, worin der Mensch seinen Halt und seinen Sinn im Leben suche und ob dieser im Begrenzten, in rationalen Gehäusen oder im Unendlichen zu finden sei. Ebenso offensichtlich zeigt sich Glückhaftes in den emphatischen Formeln von Jaspers' *Philosophie* von 1932, in denen er von existenziellem Aufschwung und Abfall spricht, von dem Sich-selbst-geschenkt-Werden und dem Sich-selbst-Ausbleiben. Inbegriff des Glückhaften ist nicht zuletzt auch der Hauptbegriff des späten Jaspers: der Begriff des Philosophischen Glaubens. Mit ihm verbunden ist all das, was Du mit dem Glücksstreben verbindest: die Quelle, aus der man Hoffnung und Sinn gewinnen und neue Kraft schöpfen kann.

Doch wenn wir nachfragen, worin denn bei Jaspers dieses Glückhafte besteht, zeigt sich die entscheidende Differenz zu Deinem Verständnis vom Ursprung des Glücks: Jaspers' Glück – und er gebraucht, wo er dies erläutert, explizit den

4 Ebd., S. 30.

5 Pieper 2021b, S. 111.

Begriff des Glücks[6] – liegt nicht auf der Ebene des gewöhnlichen Erlebens. Es ist nicht einfach Inbegriff der schönen Momente des Lebens, die uns das Unglück erträglicher machen. Es kann vielmehr erst dort entstehen, wo ein Mensch, erweckt durch Unglück und Leiden, sich der Vergeblichkeit eines ewigen Daseinsglücks bewusst wird. Dies erst ist für ihn der Moment des wahren Glücks, des Glücks gleichsam, das uns nur im Unglück voll zuteilwerden kann.

Dies klingt wie eine Anleitung zum Unglücklichsein. Doch dafür braucht es keine Anleitung. Dass es kein Dasein ohne Leiden gibt, ist nach Jaspers eine der Grenzsituationen menschlicher Existenz. Die Frage ist nur, ob wir dies im vitalen Daseinsglück vergessen, durch Verschleierung verdecken oder ob wir, erschüttert durch das Leiden, aus dem Schlummer der Existenz erwachen.[7]

Aber beweist dies nicht, so magst Du nun einwenden, dass Jaspers doch nur die Schwärze des Daseins kennt? Und selbst in den schönsten Augenblicken nur das Scheitern und das drohende Unheil sehen will? Die Gefahr droht in der Tat, im Angesicht der Grenzsituation des Leidens jedes Daseinsglück nun als illusorisch und scheinhaft zu verwerfen, sich zu weigern, überhaupt noch glücklich sein zu wollen. Jaspers hat diese Gefahr erkannt. Gerade weil wir wissen, wie zerbrechlich das Daseinsglück ist, so seine paradoxe Ermahnung, müssen wir «es wagen, glücklich zu sein». «Das Glück», so schreibt er wörtlich, «muss in Frage gestellt sein, um als wiederhergestellt

6 Jaspers 2022a, S. 200.

7 Ebd., S. 200: «Wäre *nur Glück* des Daseins, so bliebe mögliche Existenz im Schlummer. Es ist wunderlich, dass das reine Glück leer wirkt. Wie Leiden das faktische Dasein vernichtet, so scheint Glück das eigentliche Sein zu bedrohen.»

erst eigentlich Glück zu werden; die Wahrheit des Glücks ersteht auf dem Grunde des Scheiterns.»[8]

Das soll verstehen, wer will, höre ich Dich sagen. Müsste Jaspers dasselbe nicht auch vom Unglück und vom Leiden sagen? Dass seine Wahrheit darin besteht, vorüberzugehen? Dies allerdings mit der umgekehrten Wirkung. Dass Leiden dadurch nicht grösser, sondern erträglicher wird? Ich fürchte, mit solchen psychologisierenden Überlegungen begeben wir uns auf die falsche Bahn. Als ginge es Jaspers um Strategien der Glückssteigerung und Unglücksvermeidung.

Der entscheidende Punkt ist ein anderer. Er gilt der Frage, wie wir uns stellen zu dem, was uns trifft, sei es im Glück oder im Unglück. Ob wir dazu *Ja* sagen und es hinnehmen können oder nicht. Im Glück fällt uns dies nur allzu leicht, darum bedarf es der Erinnerung an das jederzeit mögliche Unglück. Doch wir müssen uns hüten, dass uns nicht auch diese Frage noch auf die falsche Bahn lenkt. Das Falsche bestünde darin, dass wir in der Spaltung verharren, die wir natürlicherweise vornehmen: die Spaltung zwischen uns selbst und den Umständen, in denen wir uns finden. Es ist die Spaltung, die Camus auf die Spitze treibt mit seiner Bestimmung des Absurden als dem Gefühl einer absoluten Kluft zwischen mir und einer mir fremden und feindseligen Welt und der unerfüllbaren Sehnsucht nach Einheit mit der Welt.

Wie aber, so der alles verwandelnde Gedanke von Jaspers, wenn diese Spaltung, diese Gegenüberstellung von äusseren, mir fremden Umständen und mir selbst eine Täuschung ist? Wenn es für mich nur eine Welt geben kann, die Welt, in der ich nun einmal bin? Und keine andere Version von mir selbst, sondern nur mich in dieser Welt? Wo dieser Gedanke mich durchdringt, werde ich mit einer anderen Grenzsituation kon-

8 Ebd., S. 200.

frontiert: der Grenzsituation, die Jaspers als die der geschichtlichen Bestimmtheit bezeichnet.[9] In ihr erst werde ich gewahr, dass es mich nur in dieser meiner Situation und in keiner anderen geben kann und dass es Verblasenheit wäre, davon zu träumen, ich könnte immer auch ein anderer sein, ein anderer in einer anderen Welt. Wenn ich mit mir selbst eins sein will, muss ich darum auch die Welt bejahen, in der ich bin. Eins zu sein mit mir selbst, heisst eins zu sein mit meiner geschichtlichen Bestimmtheit, eins zu sein mit meiner Welt.

Dieser Gedanke, liebe Annemarie, dürfte Dir nicht unvertraut sein. Es ist Friedrich Nietzsches *amor fati*, an dem Jaspers sich hier orientiert. Nietzsche, der nicht ein Nein-Sagender, sondern nur noch ein Jasagender sein will zu der Welt, wie sie ist, und dessen «*Formel für die Grösse am Menschen der amor fati ist: dass man nichts anders haben will, vorwärts nicht, rückwärts nicht, in alle Ewigkeit nicht. Das Nothwendige nicht bloss ertragen, noch weniger verhehlen – aller Idealismus ist Verlogenheit vor dem Nothwendigen -, sondern es lieben…*»[10]

Diese Formel klingt wie ein Lobpreis des Fatalismus. Aber es geht auch Nietzsche nicht darum, ergeben hinzunehmen, was geschieht, sondern das zu ergreifen, was ungewiss und offen ist und von mir und nur von mir abhängt. Die Fatalität liegt darum sowohl in dem, was ich geworden bin, wie auch in dem, was ich sein werde und sein will. Sie ist Einheit von Sein und Werden, Schicksal und Wille in einem. Und diese Einheit liegt nicht in der Vergangenheit und nicht in der Zukunft, sondern in der Spanne Zeit, die mir hier und jetzt gegeben ist. Im gegenwärtigen Augenblick.

Es ist, als hätte es alle Zeit der Welt gebraucht, damit dieser Augenblick möglich war und damit das wird, was aus mei-

9 Ebd., S. 182–190.

10 Nietzsche 1999, S. 297.

nem Tun werden kann. Als hätte es nie anders sein können, und als könnte es auch in Zukunft nie anders sein. Es ist, so die paradoxe kierkegaardsche Wendung, die sich hier aufdrängt, der Augenblick, in dem Zeit und Ewigkeit sich begegnen. Weil nichts anders sein kann, als es ist, ist das Fatum Notwendigkeit. Und was geliebt wird im Fatum, ist das Notwendige, das aus ihm spricht.

Aber Notwendigkeit in welchem Sinn? Eine kausale Notwendigkeit kann es nicht sein, denn es gibt kein Naturgesetz, aus dem ableitbar wäre, warum es zu eben diesem Augenblick kommen musste. Eine logische Notwendigkeit ist es ebenso wenig, denn wo ist das A, das mich zwingen würde, B zu sagen. Und obwohl ein Sollen aus dem Fatum spricht, gibt es kein Sollensgesetz, das allgemein gebietet, was hier und jetzt zu tun ist. Es ist mein Weg und nur ich allein kann und muss ihn gehen.

Die grosse Frage ist darum: Was ist denn das Notwendige an dieser Notwendigkeit? Und woran erkenne ich es? Was ich habe, ist allein die innere Gewissheit, dass es eben dies und genau dies ist, das mir zugedacht ist und das ich zu tun habe. Hier gilt das von Jaspers oft zitierte Wort von Luther zu Worms: «Hier steh ich, ich kann nicht anders.»

Dessen Legitimation besteht allein darin, dass es so ist, wie es ist. Ein Faktum eben und als Faktum ein blosser Zufall, aber ein Zufall mit dem Anspruch, nicht etwas Zufälliges zu sein, sondern etwas, das, anders als alles Zufällige sonst, nicht anders sein könnte. Ein notwendig Zufälliges gleichsam, das weder unter die uns vertraute Kategorie des Zufälligen noch die des Notwendigen fällt. Und von dem wir darum nie sagen können, was es eigentlich ist. Nietzsche, in seinen *Dionysos Dithyramben*, redet diese Notwendigkeit an als wäre sie eine Gottheit:

Schild der Nothwendigkeit!
Höchstes Gestirn des Seins
– das kein Wunsch erreicht,
das kein Nein befleckt,
ewiges Ja des Sein's,–
ewig bin ich dein Ja:
denn ich liebe dich, oh Ewigkeit![11]

Was Nietzsche, der Atheist, der nur die Immanenz zu kennen vorgibt und für den die ganze Welt nichts anderes als Wille zur Macht ist, in diesen Worten zu fassen versucht, wollen wir dahingestellt sein lassen. Und ich weiss auch nicht, wie Du, wohl eher an Nietzsches Seite, diesen Dithyrambus deuten würdest.

Jaspers dagegen scheint nicht nur sein eigenes Fatum mehrfach erlebt zu haben – so in der ersten Begegnung mit seiner Frau, so in ihrem Verschont-Bleiben während der Nazizeit und ihrer unverhofften Rettung vor der bevorstehenden Deportation durch den Einmarsch der Alliierten in Heidelberg, so im Ruf nach Basel, bei dem anfänglich völlig offen war, dass er ihm würde folgen können. Er hat mit dem Begriff der geschichtlichen Bestimmtheit diese Erfahrung selbst erhellt und auch die prägende Formel gefunden für das, was mir in dieser Erfahrung zuteilwird: *ich werde mir selbst geschenkt.* Es ist eine Formel für das Glück, mit mir voll und ganz eins zu sein. Zu wissen, wer ich bin und was ich will.

Doch dieses Glück hat wenig zu tun mit dem Glück, dessen Schmied, gemäss dem von Dir gerne angeführten Sprichwort, angeblich ein jeder sein kann. Der Ausdruck «mir geschenkt werden» weist darauf hin, dass dies nicht etwas ist, das ich selber planen, erwirken oder bewerkstelligen kann. Meine plötzliche Gewissheit ist selber ein Geschenk. Und die gegen-

11 Ebd., S. 405.

teilige Erfahrung jederzeit möglich: dass ich mir selbst ausbleibe. Diese Möglichkeit sowohl des Sich-geschenkt-Werdens als auch des Sich-Ausbleibens ist für Jaspers der Fingerzeig auf unsere tiefste Abhängigkeit. So wenig, wie wir uns selbst erschaffen haben, so wenig können wir aus eigener Kraft zu dem Punkt gelangen, an dem wir sagen können: das bin ich selbst. Was aber dieses andere ist, dem ich mein Mich-Selbst-Sein verdanke, bleibt mir verborgen. Es übersteigt jegliches Sein, das wir kennen. Welche Namen wir ihm auch geben mögen: das absolute Sein, die letzte Wirklichkeit, das Ureine, Gott oder die Gottheit, es sind nur Wörter, mit denen wir zu bezeichnen versuchen, was wir doch nicht benennen können. Jaspers spricht zumeist von der Transzendenz.

Der *amor fati* ist, wenn man diesem Gedanken folgt, nichts anderes als der Inbegriff jener Momente im Leben, in denen Transzendenz für uns spürbar wird. Er ist, wie Jaspers sagen würde, eine Chiffer der Transzendenz: ein auf Transzendenz hinweisendes Zeichen, das uns etwas zu bedeuten gibt, auch wenn wir nicht wissen, was es bedeutet.

Unerklärlich ist, wie dieses Zeichenhafte in unser Leben treten kann. So wenig, wie wir uns lieben machen können, wenn wir nicht lieben, so wenig kann es einen *amor fati* geben, wenn dieser uns nicht gegeben wird. Man ist versucht zu sagen: Das Schicksalhafte am *amor fati* ist schon der *amor fati* selbst.

Aber auch dies ist nicht die letzte Wahrheit. Nichts wird mir hier geschenkt, wenn ich nicht selbst ergreife, was mir geschenkt wird. Oder müssten wir jetzt sagen, auch der Wille, mit dem ich mich ergreife, sei mir letztlich geschenkt? Ich fürchte, damit entfernten wir uns allzu sehr wieder von Jaspers und seinem Insistieren auf die Freiheit und den Adel des Menschen, gerieten in allzu grosse Nähe zu der verhängnisvollen, in der doppelten Prädestination endenden Dialektik von Freiheit und Gnade der augustinisch-lutherischen Theologie.

Doch wir lassen dies jetzt besser, ich bin ohnehin schon allzu Jaspers-exegetisch geworden. Noch bin ich Dir aber die Erklärung für meine Eingangsbemerkung schuldig, dass Jaspers' Vorstellungen von Glück Deine eigenen hätten bereichern und Dich selbst auf Deinem Weg bestärken können.

Einer Deiner grossen Heroen des Glücks ist Camus' Sisyphos, der Held des Absurden. Sisyphos scheint der unglücklichste Mensch zu sein, zu sinnlosem und vergeblichem Tun verurteilt. Die Götter haben ihn damit bestraft, unablässig einen Felsbrocken einen Berg hinauf zu wälzen, der, kaum auf dem Gipfel angekommen, wieder zurück ins Tal rollt. Camus' Deutung dieses Mythos aber gipfelt in dem Satz: «Wir müssen uns Sisyphos als einen glücklichen Menschen vorstellen.»[12]

Diese Deutung hat es Dir angetan. Ihre Plausibilität liegt für Dich darin, dass es Camus' Sisyphus gelungen sei, alle Orte des Glücks, die unser Leib uns bieten könne, zu mobilisieren, das Glück, das aus dem Kopf, aus Herz und Bauch und aus der Kraft der Beine und Hände kommt.[13] Doch wie das? Dies klingt – und so stellst Du es auch dar –, als ob Sisyphus eines Tages bei einem seiner Abstiege vom Gipfel hingehen und sich selbst sagen könnte, er wolle sich künftig nur noch auf sein leibliches Glück konzentrieren. Und von da an nie mehr daran zweifelt und auf keinen anderen Gedanken mehr kommt. Ein absurder Held fürwahr.

Doch wie wäre es, ihn als Mensch zu sehen, der zum *amor fati* gefunden hat?[14] Als Mensch, der sich der Grenzsi-

---

12 Camus 1958, S. 158.

13 Pieper 2021b, S. 116.

14 Also genau das, was Camus explizit auszuschliessen scheint: Die Freiheit des Menschen besteht darin, dass er nicht vollständig durch

tuation der geschichtlichen Bestimmtheit bewusst geworden ist und sich ihrer Unausweichlichkeit stellt? Als solcher könnte er nun all das erfahren, was Du, Camus folgend, ihm zuschreibst.[15] Denn ganz eins zu sein mit einer Situation, heisst doch wohl auch: voll und ganz in seinem Leib gegenwärtig zu sein. Und wie anders könnte er überhaupt gegenwärtig werden, wenn da nicht etwas wäre, dem seine Liebe gilt: eine Person, eine Aufgabe, eine Idee oder was immer. Und weil er gefunden hat, was er lieben kann, wäre auch das von Dir in den Vordergrund gerückte Moment da, dass Sisyphos den Sinn seines Tuns nun nicht mehr in dem ihm von den Göttern zugewiesenen Ziel sieht, den Stein auf den Gipfel zu stemmen, sondern in seinem eigenen Ziel, den Weg hinauf und hinab immer wieder neu und noch besser gehen zu können. Die ihm feindliche Welt wäre zu seiner eigenen Welt geworden, und alles, was er tut, wäre sein eigenes, selbst bestimmtes Tun. Er hätte sich selbst gefunden und damit das Glück, er selbst zu sein.

Doch mit neuer Dringlichkeit stellte sich die Frage: Wie kann diese Selbstverwandlung gelingen? Wie kommt einer zum *amor fati?* Ist es, wie Du anzunehmen scheinst, bloss eine neue Lebensfreude, die Sisyphus plötzlich überkommt? Eine Regung seiner natürlichen Antriebe? Kurz, die Kraft seiner Vitalität? Aber Vitalität kennt kein Ziel, natürliche Antriebe treiben uns bald dahin, bald dorthin, sie können stark sein, aber auch erlahmen, die körperlichen Kräfte können schwinden, die Glieder versagen. Kann Vitalität wirklich der Ursprung sein eines die Zeit überdauernden, Zusammenhang schaffenden und

das Absurde determiniert ist. «Gegen den Amor fati. Der Mensch ist das einzige Tier, das sich weigert, zu sein, was es ist.» (Camus 1972, S. 266, zitiert nach Pieper 1984, S. 142; vgl. auch Camus 1953, S. 16).

15 Pieper 2012b, S. 116–119.

auch die Vitalkräfte selber noch bestimmenden Willens zur Transformation unserer selbst?

Für Jaspers, wie Du ja weisst, war klar: der Mensch ist mehr als natürliches Dasein, er reicht mit seiner Freiheit in eine auch das natürliche Dasein noch übergreifende Dimension, jene, in der die Frage des Selbstseins sich überhaupt erst stellt. Es ist die Dimension, die er «Existenz» nennt. Sie hat metaphysischen Charakter, weil ich nur als Existenz – in meinem Mir-geschenkt-Werden – die Wirklichkeit (oder sagen wir besser, das Wirken) der Transzendenz erfahren kann. Camus' Sisyphus fehlt diese Dimension. Darum wirkt er auch so unlebendig, wie eine gut ausgedachte Kunstfigur. Er rebelliert zwar gegen die Götter, die das grausame Schicksal über ihn verhängt haben, aber sein Blick geht nicht über sie hinaus, zu jenem Sein, durch das es nicht nur ihn, sondern auch diese Götter gibt. Und gegen das erst die wahre Revolte angesagt wäre, jene metaphysische Revolte, von der Camus dann in seinem anderen philosophischen Hauptwerk, in *L'Homme Révolté*, spricht und die er dort zur einzig möglichen menschlichen Haltung verklärt.

Gesetzt nun aber, Sisyphus wäre nicht nur ein absurder, sondern auch ein revoltierender, ein metaphysisch revoltierender Mensch, welche Konsequenzen hätte dies für die Frage seines Selbstseins? Er geriete in ein unlösbares Dilemma: Auf der einen Seite hat er seine neue Aufgabe gefunden, das Los, das er nun liebt und von dem er will, dass es sei. Auf der anderen Seite ist er voll Empörung und Zorn über das transzendente Sein, dem er sich selbst und seine Liebe verdankt, weil dieses Sein auch die rachsüchtigen Götter zulässt, die er verachtet und hasst. So hasst er zugleich, was er liebt, und liebt, was er hasst. Und dieses Dilemma bleibt, solange er im Trotz verharrt. Aber ist sein Trotz nicht berechtigt? Und ist seine Empörung nicht die Eintrittspforte überhaupt zur philosophischen Auseinandersetzung mit der Transzendenz?[16] Denn wer sich empört, muss doch wohl annehmen, dass es das gibt, wogegen er sich empört.

Doch wenn dem so ist, gibt es nur eine Frage, an der sich der *amor fati* entzünden kann: Wie überwinde ich den Trotz? Wie kann ich bejahen, was mich verneint? Wie kann ich auch in den grausamen Göttern noch Abkömmlinge jenes unergründlichen Seins sehen, dem ich mich selbst verdanke? Und mich dennoch hingeben an dieses Sein? Die Hingabe an das Sein, die den *amor fati* ausmacht, ist aus diesem Grund nichts anderes als – überwundener Trotz. So hat es in der Tat Jaspers gesehen.[17] Und er weiss auch: dies geschieht nicht ein für alle Mal, Trotz ist nie endgültig überwunden, er muss immer wieder neu überwunden werden.[18] Und überwunden ist er nur, wenn keine Täuschung und keine Illusionen im Spiel sind. Insbesondere jene nicht, vor denen Jaspers nicht weniger als Camus uns warnt: die Ausflucht in den Glauben an eine letztlich harmonische Weltordnung, in der alles seinen Sinn und seinen Platz hat, oder die Hoffnung auf eine sich wiederherstellende Gerechtigkeit in einem künftigen ewigen Dasein.

Der überwundene Trotz hat nichts, auf das er sich stützen kann, nichts als das jeder Rechtfertigung sich entziehende Vertrauen in die uns verborgen bleibende Transzendenz, die indirekt nur erfahrbar werden kann in der inneren Gewissheit des uns aufgegebenen Wegs. Und es gibt nur einen Kompass, der

---

16 Der Antrieb, «bei Gott gegen Gott zu fragen», «der von Hiob her durch das europäische Denken geht», ist Ursprung der Wissenschaft (Jaspers 2024, S. 30).

17 Jaspers 2022b, S. 71.

18 Ebd., S. 74: Die Spannung zwischen Trotz und Hingabe löst sich nie. «Die Gottheit will nicht blinde Hingabe, sondern Freiheit, die trotzen und erst aus dem Trotz wahre Hingabe erreichen kann.»

uns davor bewahren kann, selber in den Abgründen zu versinken, die sich uns in der Tiefe des Seins zeigen. Es ist der Glaube daran, dass wir uns dem fernen Einen, dem wir uns hingeben, nur nähern können, indem wir mit uns selber eins werden und, in Solidarität mit allen nach diesem Einen Strebenden, Einheit zu schaffen suchen auch in der menschlichen Welt.[19]

Ich weiss, schwer Verdauliches mute ich Dir zu, liebe Annemarie, mit diesen lapidaren Transzendenzgeschichten, und vieles müsste wohl noch gesagt werden, damit sie am Ende – vielleicht doch nicht bekömmlicher werden. Frappant aber ist für mich, wie nahe – bei aller sonstigen Distanz – Camus Jaspers zu kommen scheint mit seiner Deutung des revoltierenden Menschen: Die Revolte, sei es nun die metaphysische oder die historische, beginnt nach ihm damit, dass der Revoltierende, wenn er sich in seiner Empörung gegen das ihm oder anderen widerfahrende Unrecht erhebt, die Entdeckung macht, dass es in ihm – aber nicht nur in ihm, sondern in allen Menschen – etwas gibt, das einen unbedingten Wert hat und als solcher anerkannt werden muss.[20] Erst im Wissen um diesen unbedingten Wert und im Kampf für diesen Wert ist er eins mit sich selbst. Worin dieser Wert besteht, muss jedoch immer

---

19 Es gibt eine schöne Parallele dieses Gedankens bei Jaspers und Camus, wenn auch mit unterschiedlichem Akzent. Bei Jaspers lautet er: «Wer den einen Gott oder das Eine der Transzendenz hört, kann in der Welt dem Einen sich nur dadurch nähern, dass in der Welt Einheit entsteht, vorhin Einheit mit mir selber, Identität mit mir, jetzt Einheit unter Menschen, Kommunikation.» (Jaspers 2011, S. 55). Und bei Camus: «Wenn die Einheit der Welt dem Menschen nicht von oben zufällt, muss er sie auf seiner Höhe errichten, in der Geschichte.» (Camus 1953, S. 308. Zitiert nach Pieper 1984, S. 144).

20 Woher dieses Unbedingte kommt in einer Welt der Bedingtheiten, ist die Frage, die Camus sich nicht stellt und die den Weg öffnen würde zu Jaspers Begriff der Transzendenz.

wieder neu bestimmt werden und kann immer nur aus der Situation heraus bestimmt werden.[21] Diese Spannung gilt es auszuhalten, und damit auch die Grenzen, die sie uns setzt: Wir sind mit unserem Denken nie ausserhalb der Geschichte und stehen darum im Widerspruch zu uns selbst, wenn wir in nihilistischer Masslosigkeit die aus der Situation heraus formulierten Prinzipien in der ganzen Welt oder in einer zukünftigen Welt verwirklicht sehen wollen und nicht davor zurückschrecken, dieses Ziel auch durch Gewalt, Terror und Mord durchzusetzen, und damit den Opfern den absoluten Wert absprechen, den wir selbst beanspruchen und im Namen einer angeblich höheren Gerechtigkeit zu verwirklichen suchen.

Das Mass, das Camus' «mittelmeerisches Denken» uns einzuhalten gebietet, verlangt nicht mehr und nicht weniger, als den uns durch unsere geschichtliche Bestimmtheit gesetzten Grenzen treu zu bleiben.[22] Und damit wären wir wiederum beim *amor fati.* Sogar die von Jaspers beschriebene Bewegung von Trotz und Hingabe liesse sich mühelos an Camus' Deu-

---

21 Signifikant, dass Camus sich hier auf Jaspers beruft: «In Wirklichkeit ist das rein geschichtliche Absolute nicht einmal vorstellbar. Das Denken von Jaspers z.B. unterstreicht, dass es dem Menschen unmöglich ist, die Totalität zu fassen, da er sich ja im Inneren dieser Totalität befindet. [...] Es ist somit unmöglich, nach Plänen zu handeln, die die Totalität der Weltgeschichte umfassen.» (Camus 1953, S. 311).

22 Wie Du in Deinem Camus-Buch selbst klar hervorhebst: «Nicht der unendlich sich selbst übersteigende, jede Grenze zu überwinden trachtende Mensch, sondern der sich innerhalb seiner Grenzen einrichtende und im Rahmen seiner frei gewählten Beschränkung mit vollem Einsatz tätige Mensch erfüllt seine Bestimmung als Mensch in der Unbedingtheit seiner Selbstachtung, seines Stolzes, der ‹nichts anderes ist als Treue zu seinen Grenzen, hellsichtige Liebe zu seiner Bedingung›.» (Ebd., S. 159, vgl. insbesondere auch S. 161).

tung anschliessen: Trotz als die Haltung des Masslosen, der allein aus sich selbst die absolute Gerechtigkeit in der Welt herstellen will oder, wenn ihm dies nicht gelingt, die ganze Welt ins Nichts zu stürzen versucht; Hingabe als Hinnahme der gegebenen Situation und der in ihr allein möglichen kleinen Schritte hin zu einer relativen, nicht selber wieder Ungerechtigkeit erzeugenden Gerechtigkeit. Doch warum glaubt Camus (und Du mit ihm[23]), den *amor fati* ablehnen zu müssen? Liegt dies vielleicht daran, dass er den *amor fati* offensichtlich missversteht als Fatalismus, als passives Erdulden des uns Widerfahrenden[24] und nicht zugleich auch als die zur Tat hindrängende Unbedingtheit, die im Hier und Jetzt zu tun verlangt, was allein von mir und nur von mir abhängt?

Doch wie immer wir es mit den Deutungen des *amor fati* auch halten mögen, was für mich bleibt, ist die Frage, die Du durch Deine Person mir aufgegeben hast. Bist nicht Du selbst das schönste Beispiel für einen Menschen, der seinen *amor fati* und damit sich selbst gefunden hat? Ist dies nicht offenkundig in dem, was ich an Dir am meisten bewunderte: Deine Gegenwärtigkeit, Deine Unbekümmertheit, frei heraus zu sagen, was Dir auf der Zunge lag? Dein Mut, Du selbst zu sein, auch in schwierigen Situationen, auch angesichts der Sinnwidrigkeiten und Ungerechtigkeiten, gegen die Du auf Deinen Wegen und Umwegen zur Philosophie zu kämpfen hattest? Und nicht zuletzt Dein herzhaftes Lachen? Es ist, als hättest Du mit dem letzten Satz in Deiner *Glückssache* das Geheimnis dieses Lachens selbst enthüllt: Lachen, schreibst Du, sei das Indiz für jenen Gemütszustand des Glücks, «in dem der Mensch ganz

23 Ebd., S. 182.

24 «Gegen den Amor fati. Der Mensch ist das einzige Tier, das sich weigert, zu sein, was es ist.» (Camus 1972, S. 266, zitiert nach Pieper 1984, S. 142; vgl. Camus 1953, S. 16).

aus sich heraustritt und doch zugleich bei sich selbst ist».[25] Ich jedenfalls kann mir Dich nur als glücklichen Menschen vorstellen. Und dass Du unter uns warst, als Glücksfall dazu.

Bibliografie

Camus, Albert: Der Mensch in der Revolte, Reinbek 1953.

Camus, Albert: Der Mythos von Sisyphos, Düsseldorf 1958.

Camus, Albert: Tagebücher 1935–1951, Reinbek 1972.

Jaspers, Karl: Die Chiffern der Transzendenz. Hügli, Anton/Saner, Hans (Hg.), Basel 2011.

Jaspers, Karl: Philosophie, Bd. 2 Existenzerhellung, Karl Jaspers Gesamtausgabe (KJG) I/7.2, Basel 2022a.

Jaspers, Karl: Philosophie, Bd. 3 Metaphysik, Karl Jaspers Gesamtausgabe (KJG) I/7.3, Basel 2022b.

Jaspers Karl: Texte zur Philosophie (1938–1961), Karl Jaspers Gesamtausgabe (KJG) I/14, Basel 2024.

Nietzsche, Friedrich: Sämtliche Werke. Kritische Studienausgabe (KSA), Bd. 6. Colli, Giorgio/Montinari, Mazzino (Hg.). 3. Auflage. München/Berlin/New York 1999.

Pieper, Annemarie: Albert Camus, München 1984.

Pieper, Annemarie: Glückssache. Die Kunst zu leben, Hamburg 2001.

Pieper, Annemarie: «Selbstwerden. Karl Jaspers im Kontext der Existenzphilosophie», in: Hügli, Anton (Hg.): Jaspers. Stationen seines philosophischen Wegs, Basel 2021a, S. 17–32.

Pieper, Annemarie: Denkanstösse zu unseren Sinnfragen, Basel 2021b.

25 Pieper 2001, S. 301.

Lesen

«Vielleicht bestand die ganze Lebenskunst ... im Verschwindenlassen von Löchern»

Vernunft und Verbrechen bei Annemarie Pieper, Romancière

Andreas Urs Sommer

Mit ihren drei Romanen findet Annemarie Pieper zur Vielstimmigkeit. Oder genauer gesagt: dazu, ihre eigene Vielstimmigkeit öffentlich und offensiv zu praktizieren. Die Emeritierung gibt ihr, die sich ohnehin nie scheute, Klartext zu reden, ganz neue Lizenzen, die sie mit Freuden nutzt.

Die Klaviatur der massenmedial präsenten Intellektuellen spielte sie virtuos – vielleicht für manche zu virtuos im eher behäbigen helvetischen TV-Rahmen. Das grosse Publikum verlangte von ihr wie von jeder Bildschirm-*persona*, dass sie vermeintlich ganz mit eigener Stimme spreche. Diesen Erwartungen an «Authentizität», wie man das heute wohl nennt, hat sie geradezu idealtypisch entsprochen: Sie erschien dem Publikum als leibhaftige Verkörperung der Philosophie, deren Stimme wie einst in Boethius' Kerker auch die Harthörigen erreicht. Eine unverwechselbare Stimme, klar artikuliert, in druckreifen Sätzen, ganz ohne akademischen Jargon und auch das Drastische-Burleske, gelegentlich das Fäkale nicht scheuend. Annemarie Pieper als öffentliche *persona* stand für die Philosophie ein, brachte sie und sich selbst zum Ausdruck. Mit dem Rollenwechsel aus der Professur in den massenmedialen Dschungel legte sie sich noch stärker auf die eigene Stimme fest.

Davor hatte sie im universitären Biotop aus der eigenen Stimme zwar nie einen Hehl gemacht, zugleich aber die Aufgabe erfüllt, andere Stimmen zu Gehör zu bringen, nämlich die der Philosophen und Philosophinnen, die den Studierenden näherzubringen sie als eine wesentliche akademische Aufgabe ansah. Aber wenn man bei ihr im Seminar oder in der Vorlesung sass, wusste man stets, wer spricht – Annemarie Pieper oder Johann Gottlieb Fichte, Annemarie Pieper oder Baruch de Spinoza, Annemarie Pieper oder Platon. Verunklart wurden diese Stimmendifferenzen allenfalls dann, wenn sie zwecks Unterfütterung ihres vollkommen luziden Vortrags zur Kreide griff und ein (jedenfalls für mich) höchst kryptisches Schaubild auf die Wandtafel malte, das beispielsweise das Höhlengleichnis oder das sich selbst setzende Ich samt ihrer eigenen Interpretation veranschaulichen sollte. Da kam es, vielleicht wegen synästhetischer Überforderung im Hörsaal, wenigstens in meinem Kopf gelegentlich zur Mehrstimmenkakophonie.

Zeit ihres Denkerinnenlebens hat sich Annemarie Pieper indes – und offenbar ganz besonders gern – mit Autoren konfrontiert, die oft nicht in eigenem Namen sprachen, sondern sich einer Vielzahl von Stimmen bedienten, um gerade so Philosophie zu treiben. Es gibt zu denken, dass sie eigentlich nur solchen Philosophen auch eigenständige Monografien gewidmet hat – angefangen mit dem Pseudonymitätsvirtuosen Søren Kierkegaard über den Absurditätsdiagnostiker Albert Camus bis hin zum Prophetenimitator Friedrich Nietzsche. Verbirgt sich Kierkegaard nun in dem 1843 erschienenen *Entweder – Oder* hinter dem Herausgeber Victor Eremita, der auf dem Titelblatt steht, hinter A, dessen Papiere Eremita herausgegeben zu haben beansprucht, hinter Johannes, dessen Verführertagebuch wiederum von A ediert werden sollte, oder doch hinter B, der A in seinen Briefen ins Gewissen redet und zu einer ethischen Lebensweise bekehren will? Steckt Kierkegaard hinter und in allen gleichermassen? Spricht Camus in der *La Peste* von 1947 durch den Arzt Rieux, der die Chronik der schrecklichen Seuche zu schreiben vorgibt, oder doch durch dessen Freund Tarrou, den Journalisten Rambert, den Pfarrer Paneloux? Ist Nietzsche in *Also sprach Zarathustra* die Titelfigur Zarathustra oder vielmehr der Seiltänzer, der zu Tode stürzt, der Adler oder die Schlange, der letzte Mensch oder das Kind? Annemarie Pieper hat sich nicht beirren lassen. Als Philosophin vom Fach hat sie streng und säuberlich die Stimmen getrennt und sortiert – auf dass niemand irritiert bliebe und sich im Stimmenwirrwarr verlöre.[1]

Aber die Versuchung, es doch einmal selbst mit Stimmenvervielfältigung zu versuchen, scheint sie nicht losgelassen zu haben. Wer nicht Schauspielerin, sondern Philosophin ist, kann im Fernsehen dieser Versuchung nicht nachgeben: Die Zuschauerinnen und Zuschauer erwarten, dass die Philosophin ganz bei sich ist, meint, was sie sagt und nicht doppelzüngig oder mehrdeutig redet. Selbst ein Zitat von einem Dritten wird der sprechenden Person leicht als ihre eigentliche Meinung untergeschoben. Im Vergleich dazu herrschte in der Academia noch nahezu Stimmenpluralität. Jedenfalls konnte man andere Stimmen zu Gehör bringen, wenn man deutlich markierte, dass es andere Stimmen seien.

Sollte Annemarie Pieper wirklich der Stimmenvervielfältigungsversuchung nachgeben, konnte dies also nicht in der postemeritalen Rolle der öffentlichen Philosophin geschehen, sondern bedurfte eines anderen Mittels. Sie wählte den Weg, den Camus und partiell Kierkegaard schon gegangen waren, nämlich den Weg des Romans. Die Sendung ihres Erstlings in

---

1 Besonders gut sichtbar ist das in ihrem Kommentar zum ersten Teil von *Also sprach Zarathustra* in Pieper 1990.

diesem Genre[2] an mich begleitete sie nicht nur mit «den besten Grüssen für zukünftiges Philosophieren» in der handschriftlichen Widmung, sondern am 11. Mai 2006 auch mit einer E-Mail, in der stand: «Ich schicke Ihnen gern ein Exemplar meines Romans mit der Post. Das ist noch eine Niederung unterhalb dessen, was Sie betreiben, und wahrscheinlich hält man mich in der Zunft nun für endgültig durchgeknallt. Doch darüber kann ich lachen.» Sie bezog sich bei dem, was ich da betriebe, auf mein Büchlein *Die Kunst des Zweifelns*,[3] zu dem sie in ihrer E-Mail weiter schrieb: «Bei den Kollegen werden Sie sich damit keine Meriten erwerben. [...] Ich konnte mir dergleichen Ausreisser schon eher leisten, weil eine Frau ja ohnehin kein rechter Philosoph ist. Sie müssten eigentlich warten, bis Sie Ihre Karriere hinter sich haben, um zu tun, was Ihnen Spass macht, aber das dauert noch eine Weile.»

Annemarie Pieper jedenfalls wollte nicht länger damit warten, das zu tun, was ihr «Spass machte». Dabei hörte sie mit ihrem ersten Roman *Die Klugscheisser GmbH* nicht auf, sich als Philosophin zu verstehen – die Widmung «für zukünftiges Philosophieren» war nicht nur *ad personam* adressiert. Der Gegenstand dieses Romans verlässt zwar die Universität, aber nicht die Philosophie: Die vom Grossvater der Protagonistin despektierlich sogenannte «Klugscheisser GmbH» ist eine Philosophische Praxis. Das Buch erzählt von den menschlich-allzumenschlichen Irrungen und Wirrungen, die sich darum herum ranken – und von all dem, womit es philosophische Praktikerinnen und Praktiker in der Welt und im Denken zu tun haben.

In der «Vorbemerkung» heisst es: «Eigentlich wollte ich ein Buch über die Aufgaben und Ziele einer Philosophischen

2 Pieper 2006.

3 Sommer 2005.

Praxis schreiben.»[4] Dieser Eingangssatz kann nicht überraschen bei einer Autorin, die sich nicht zu schade war, auch eine Anleitung dazu zu schreiben, was Philosophen (noch ungegendert!) lesen sollen, zusammen mit ihrem damaligen Assistenten und Betreiber einer Philosophischen Praxis in Basel, Urs Thurnherr.[5] Warum sollte man Annemarie Pieper nicht ein solches Vorhaben zutrauen, zumal, wenn man wahrgenommen hat, wie sehr sie als öffentliche Intellektuelle die lebenspraktische Dimension des Philosophierens herausstellte?

Wer habe schon eine Ahnung, heisst es in der «Vorbemerkung» weiter, «welche Bedürfnisse» in einer Philosophischen Praxis bedient würden. Immerhin sei, im Unterschied zu einer «Fusspflege-Praxis», auch bei einer «Massage-Praxis» das Angebot nicht so «klar umrissen», aber die «Unklarheit» beziehe sich hier «nur auf die Abgrenzung einbezogener bzw. ausgeschlossener Körperzonen». Bei der Philosophischen Praxis hingegen wisse man nicht einmal, ob es überhaupt jemanden gebe, der die dort bedienten Bedürfnisse habe. Eine kühne Volte postuliert: «Wenn nicht, sollte man sie unbedingt wecken.»[6] Dass hier nicht eine kühle Analytikerin philosophischer Praxisbemühungen, sondern deren leidenschaftliche Parteigängerin das Wort führt, erstaunt nicht, wenn einem aus persönlichem Umgang bekannt ist, wie sehr Annemarie Pieper auch dezidierten Urteilen zugeneigt war.

Die folgenden Reflexionen der «Vorbemerkung» tauchen tief in die flüssig bleibenden Selbstverständigungsbemühungen der Philosophie als Disziplin und als Lebensform ein. Sokrates erscheint als «Verführer», aber nicht als «Betrüger»; «[e]chte Philosophen sind Skeptiker: Sie stellen alles und jedes – auch

4 Pieper 2006, S. 5.

5 Pieper/Thurnherr 1994.

6 Pieper 2006, S. 5.

sich selbst – kritisch in Frage». «Nun muss ich etwas zu mir sagen. [...] Mich hat die Philosophie fasziniert, seit ich denken kann.»[7] Nur kurz stockt die Leserin, der Leser: Hatte Annemarie Pieper nicht andernorts anderes behauptet: «Mit Philosophie bin ich sehr spät erst in engere Berührung gekommen»?[8] Aber über das Stocken ist man schnell wieder hinweg, wenn man weiter liest, dass die Philosophie ebenso Trost spenden wie Verzweiflung schüren könne, dass es gleichwohl «keine bessere Ratgeberin als die Philosophie» gebe.[9] Und dann erfährt man, dass die Autorin bei allen Versuchen, «die Vorzüge einer Philosophischen Praxis wortgewandt zu preisen»,[10] immer wieder feststellen musste, dass sie «die Sache der Philosophie» nicht als etwas von ihrem Leben Abgetrenntes schildern könne. Erwartet einen also Annemarie Piepers philosophische Autobiografie?

Statt kurzem Stocken nun scharfes Bremsen: «Für mich ist alles gleich wichtig; Prioritäten zu setzen fällt mir schwer. [...] Vielleicht war dies der Grund dafür, dass ich, für viele überraschend, Jura studiert habe.»[11] Bitte, wie? Glaubte man nicht bis eben zu wissen, dass Annemarie Pieper keineswegs Jura, sondern zunächst Fremdsprachen an einem Dolmetscher-Institut, danach Anglistik und Germanistik studiert hatte, bevor sie sich von der akademischen Philosophie einfangen liess? Man vergewissert sich. Und in der Tat: Von Jurisprudenz in ihrem Curriculum keine Spur. Wer spricht denn hier überhaupt? Wessen Stimme ist das jetzt? Nicht mehr die so klare, unverwechselbare aus Hörsaal oder Fernsehstudio?

---

7 Ebd., S. 7.

8 Pieper 1996, S. 116.

9 Pieper 2006, S. 8.

10 Ebd.

11 Ebd., S. 9.

Ungläubiges Kopfschütteln: Bei der ganzen «Vorbemerkung» – in der Erwartung gelesen, hier lege eine emeritierte Ordinaria darüber Rechenschaft ab, weshalb sie das halbseidene fiktionale Genre statt das der Abhandlung gewählt habe – ist das sprechende Ich keineswegs mit der historisch konkreten Person Annemarie Pieper identisch. Der «Roman», den *Die Klugscheisser GmbH* im Untertitel führt, hat vielmehr schon in der «Vorbemerkung» begonnen. Das dortige Ich ist bereits eine literarische Fiktion und hat doch die Aufgabe, Authentizität zu verbürgen: Das Ich der «Vorbemerkung» ist zugleich die Ich-Erzählerin und Protagonistin der Romanhandlung; die in der «Vorbemerkung» verhandelte Alternative Sachbuch oder Roman ist bereits eine literarische Fiktion. Nie hat eine reale Person die Absicht gehabt, ein solches Sachbuch «über die Aufgaben und Ziele einer philosophischen Praxis» zu schreiben (oder jedenfalls wissen wir nichts über eine solche Absicht), sondern die Absicht ist nur die erdachte Absicht einer Romanfigur, die ihrerseits nun keinen Roman schreiben will, sondern quasi die Bio- und Pathografie einer realexistierenden philosophischen Praxis, die zufälligerweise diejenige der Romanfigur selbst ist.

Die Leserinnen und Leser der «Vorbemerkungen» haben gar nicht bemerkt, dass sie längst schon im Netz der Fiktion gefangen sind, während sie noch dachten, hier spräche die Fachphilosophin zu ihnen, und zwar mit eigener Stimme. Wenn ein Philosoph oder eine Philosophin «ich» sagt, wähnt man, er oder sie meine «ich». Wenn es bei Philosophinnen und Philosophen eine Rollenerwartung gibt (mag die auch schon seit Sokrates falsch sein), dann die, dass sie stets meinen, was sie sagen. Ihr *Ich* soll verlässlich für die Propositionen einstehen, die es von sich gibt. Wer das nicht tut, sondern fremde Stimmen benutzt, ohne sie auszuweisen – wie die Professorin, die sagte, dass sie jetzt Fichte, Spinoza oder Platon referiere – , die oder der hat das Terrain der ordentlichen, der seriösen Philosophie verlassen. Wer sich als Philosophin mir nichts, dir nichts anderer Stimmen bedient und «ich» schreibt, ohne «ich» zu meinen, der nähert sich schon bedenklich dem Verbrechen. Oder jedenfalls der Belletristik, was fast auf dasselbe hinausläuft.

Womit wir im Kern dessen angelangt wären, worum es hier laut Beitragsuntertitel gehen soll: um das Verhältnis von Vernunft und Verbrechen, exemplifiziert an Annemarie Piepers zweitem und zweitletztem Roman, ihrem einzigen Krimi: *Satans Austreibung*. Wie es nun wirklich die historisch konkrete Person Annemarie Pieper (und nicht eines ihrer literarischen Ichs) in einem Beitrag für das *Schwabe Magazin* schildert, hatte sich *Die Klugscheisser GmbH* «für einen Erstling erstaunlich gut» verkauft.[12] Dennoch erwies es sich als schwierig, für den Zweitling einen Verlag zu finden, zumal Schwabe, wo der Erstling zur Welt gekommen war, sich fortan ganz der Wissenschaft widmen wollte. Nun lag das fertige Manuskript eine geraume Weile in der Schublade, weil auch die Grossverlage sich scheuten; mit der Gründung des auf Belletristik ausgerichteten Schwabe Imprints Verlag Johannes Petri ergab sich 2010 im alten Rahmen mit dem alten Team unter neuem Namen ein Publikationsort. Währenddessen wälzte Pieper bereits «den Entwurf eines dritten Romans im Kopf».[13] Der wiederum sollte dann 2019 unter dem Titel *Frag nicht, wo die Blumen sind* erscheinen, eine Verwechslungstragödie mit komödiantischen Einsprengseln – laut «Nachwort», das «Annemarie Pieper» mit Namen zeichnet, «unter Einbeziehung authentischer Dokumente, die aus einem Nachlass stammen», nämlich «Textauszüge aus der Korrespondenz eines Ehepaares wäh-

12 Pieper 2010b, S. 12.

13 Ebd.

rend des Zweiten Weltkriegs».[14] Könnte man es sich hier nur aus dem Kopf schlagen, welch' vertracktes Spiel Kierkegaard mit angeblich aufgefundenen Manuskripten in seinen pseudonymen Schriften getrieben hat – und würde man nur nicht darum wissen, dass Pieper ihre Dissertation ausgerechnet dem «Leitproblem der pseudonymen Schriften» Kierkegaards gewidmet hat![15] Nun denn, nehmen wir es einfach hin, dass dieser «Roman», wie es im Klappentext heisst, «[a]nhand authentischer Feldpostbriefe» «ein deutsches Schicksal» ergründet.

Apropos Klappentext: Ihm zufolge ist *Satans Austreibung* ein «spannungsgeladene[r] Krimi», «dessen raffinierte Konstruktion immer tiefer in die verstrickte Gedankenwelt eines Menschen hineinführt, für den es kein Zurück mehr gibt». Dass dieser «Mensch» kein strahlender Held, sondern eher der «Satan» ist, von dem der Titel spricht, darf man vermuten. Aber die Romanhandlung konzentriert sich keineswegs ausschliesslich auf ihn, sondern nimmt die anderen Figuren ebenso ernst, ist fast schon um demokratische Ausgeglichenheit bemüht, als ob man der Faszinationskraft des Verbrechens und des Verbrechers nicht erliegen sollte.

Achtung Spoilerwarnung: Wer *Satans Austreibung* nicht kennt und sich den Genuss des Romans mit allen atemberaubenden Wendungen aufsparen will, möge seine oder ihre Lektüre hier beenden, begleitet immerhin von der Versicherung, dass am Ende alles gut ausgeht und im Roman die sittliche Weltordnung wiederhergestellt wird. Das Verbrechen wird der Vernunft in Annemarie Piepers Krimi nirgends gefährlich und kann auch die Grundfesten der Moral nie erschüttern. Am Ende gelingt es dem Verbrecher in keinem einzigen Fall diejenige umzubringen, die er eigentlich umbringen möchte – bloss

14 Pieper 2019, S. 204.

15 Pieper 1968.

ein bei einer Brandstiftung versehentlich in Mitleidenschaft gezogener Hausmeister bleibt auf der Strecke. Schade, man hätte ihn vielleicht gerne näher kennengelernt, weil er als einziges Opfer angenehm gesichtslos bleibt, ohne Lebensprogramm und Tiefsinnaspiration, nur ein entspannter Statist, der auch in einer sittlichen Weltordnung über die Klinge springen muss.

Aber schauen wir gemeinsam mit den paar verbleibenden Leserinnen und Lesern genauer hin: Das Roman setzt ein mit einem «Er», dessen Name erst sehr viel später kundgetan wird. «Er fühlte sich wie ausgeweidet.»[16] Er leidet entsetzlich. Und der erste Absatz macht glauben, er sei das Opfer. Der zweite aber macht sogleich klar: «Thea lebte nicht mehr. Und er hatte sie getötet. Wie Männer eben töten, wenn sie lieben, wenn Gegenliebe ausbleibt oder nachlässt.»[17] Nur war sein Mord – er hat Thea in einer Ferienanlage in Thailand erstochen – nicht aufgeflogen, da unmittelbar nach der Tat der Tsunami von 2004 alle Spuren beseitigt und auch das Opfer mit sich gerissen hatte, das dann erst viel später tot geborgen wurde. Niemand weiss also um den Mord, als man Thea in Köln zu Grabe trägt und dort sich die ganze einflussreiche Unternehmerfamilie Kiefer, aus der sie stammt, zusammen mit viel Prominenz versammelt. «Er» scheint auch irgendwie dazuzugehören. Die Familienaufstellung ist – nicht nur wegen mehrerer Mütter der zwei oder drei Söhne und zwei Zwillingstöchter – kompliziert, konfliktträchtig, aber nicht zwingend konfliktreich, da jede und jeder recht erfolgreich das Eigene tut. Eine zentrale Rolle spielt dabei Karo, erfolgreiche Romancière und Theas Zwillingsschwester, die den Verdacht hegt, dass es bei Theas Tod nicht mit rechten Dingen zugegangen sei und deshalb einen al-

16 Pieper 2010a, S. 7.

17 Ebd.

ten Bekannten, Martin, mit Recherchen beauftragt, die aber zunächst im Sande zu verlaufen scheinen.

Die Leserinnen und Leser wissen hingegen, dass Theas Mörder nicht nur lebt, sondern in nächster Nähe der Familie. Spektakulär wendet sich das Blatt, als Thea wie eine *Dea ex machina* wieder auftaucht, denn sie hat dem Schnitter ein Schnippchen geschlagen, war gar nicht tot, sondern wegen einer Verwechslung – ein geheimnisvoller, doppelt vorkommender Ring spielt dabei eine Schlüsselrolle – für eine tatsächlich im Tsunami umgekommene Engländerin gehalten und in deren vermeintliches Heimatland verfrachtet worden. Dort dämmerte sie zwei Jahre im Koma vor sich hin. Als sie erwacht, ist gleich auch Karo zur Stelle; Thea, noch geschwächt, erinnert sich daran, dass es – was Karo längst ahnte – ihr eigener Halbbruder Gregor war, der sie unmittelbar vor der Flutwelle erstechen wollte – weil er ihre Liebe nicht bekam. Fraglicher Gregor – also der «Er» des Anfangs, erfolgreicher Fotograf und insgeheim ein genialer Maler, der seine Bilder vor der Welt verheimlicht – bekommt unterdessen anonyme Briefe, die ihn des Mordes bezichtigen; er bereitet sich darauf vor, abzutauchen, obwohl er von Theas Auferstehung wie die meisten anderen Figuren bis zum Ende nichts weiss. Thea erholt sich in England, während Karo in Köln den eigenen Halbbruder, familiär PV oder «Prinz Vogelfrei» genannt, zur Strecke zu bringen versucht – wieder im Verein mit Martin, von dem auch die anonymen Briefe stammen. Dies findet Gregor heraus und trachtet nun Martin nach dem Leben, aber auch hier erfolglos. Karo ihrerseits dringt in Gregors geheimes Atelier ein, zerstört da dessen, wie sie eingestehen muss, grossartige Bilder – was wiederum diesen zum endgültigen Abgang veranlasst, nachdem er sein Atelier in Schutt und Asche gelegt hat. Auf seiner Flucht entführt er noch seinen bisher ganz unbeteiligten Halbbruder, der ihn freilich, obwohl mit einer Pistole bedroht, in das Kar des Creux du Van hinunterstösst und damit der Verbrecherkarriere ein definitives Ende setzt. Am Ende grosses Familienglück allenthalben, bei den Kiefers und bei Martin; mit der Totgeglaubten kehrt der Familienfrieden zurück, der auf Gregor *alias* Prinz Vogelfrei offenbar gut verzichten kann.

Wenn frei nach Friedrich Dürrenmatt heutzutage nur noch der Kriminalroman imstande ist, gute Literatur unters Volk zu bringen,[18] könnte sich die Vermutung aufdrängen, Annemarie Pieper habe den analogen Versuch mit der Philosophie unternommen: Der Kriminalroman als Vehikel der philosophischen Aufklärung?

Tatsächlich spielt zwar kein Philosophieprofi (weder akademisch noch praktisch) im Hauptfigurenensemble mit, aber philosophische Debatten werden auch unter den Laien geführt und philosophiegeschichtliche Topoi immer wieder aufgerufen. Das fängt mit Nietzsche an, der in strauss'scher Vertonung schon an Theas (vermeintlicher) Beerdigung erklingt[19] und der über das ganze Buch hinweg der wohl am häufigsten explizit aufgerufene Autor ist.[20] Platon und mit ihm Sokrates haben ebenfalls eine starke Präsenz: das Daimonion, dessen warnende Stimme der Möchtegern-Mörder Gregor missachtet;[21] der Mythos vom Seelenwagen aus dem *Phaidros*[22] und natürlich jener Text, der nach meiner Erinnerung in keiner Pieper-Vorlesung fehlte, was immer sonst ihr Gegenstand gewesen sein mochte: das Höhlengleichnis aus der *Politeia*.[23] Auch sonst ist der Roman mit Philosophen gut bestückt – aus

18 Dürrenmatt 1996, S. 68f.

19 Pieper 2010a, S. 18.

20 Vgl. ebd., z.B. S. 25, 41f., 108, 152, 168, 188f., 323–326 u. 335.

21 Vgl. ebd., S. 38f. u. 239.

22 Ebd., S. 305f.

23 Ebd., S. 108.

der Philosophiegeschichte meist mit männlichen, als wolle der Roman die Äusserung eines schnöseligen Privatdozenten gegenüber «eine[r] bekannte[n] Philosophieprofessorin», die er plagiiert hat, ironisch beglaubigen: «Frauen zitiert man doch nicht.»[24]

Mitunter wirkt das abendländische Bildungsgut, das der Roman heranschafft, arg aufgesetzt, da nur lose mit dem Handlungsgeschehen verwoben. Der Text, der aus einer auktorialen Erzählerperspektive geschrieben ist und jeweils hin- und herspringt zwischen den verschiedenen handelnden Figuren – namentlich kapitelweise zwischen Gregor und Karo –, gefällt sich darin, alle möglichen kulturgeschichtlichen Versatzstücke umständlich erklärend den Lesenden vor Augen zu führen. Das gilt beispielsweise für den Inhalt von Oscar Wildes *The Picture of Dorian Gray*[25] ebenso wie für den Kleinbasler Volksbrauch des «Vogel Gryff».[26] Diese Einlassungen wirken mitunter ziemlich didaktisch und garnieren eine «Schädelstätte des Geistes».[27]

Gregors Tatmotiv ist von der ersten Romanseite an bekannt: Er hat, wie schon zitiert, getötet (oder vielmehr zu töten versucht), «wie Männer eben töten», weil seine Liebe nicht erwidert wurde. Auch wenn seine Halbschwester Karo sich redlich bemüht, in die Labyrinthe seiner Psyche hinabzusteigen, scheint die doch – männlich? – einfach strukturiert: Er muss sich sagen – oder sagen lassen: «‹Dir fehlt es einfach an Selbstkontrolle, mein Lieber. Du hast deine Affekte nicht im Griff. Wer sich selbst nicht beherrschen kann, sollte auch nicht

---

24 Ebd., S. 46.

25 Ebd., S. 34 f.

26 Ebd., S. 264 f.

27 Ebd., S. 119.

über andere herrschen wollen.›»[28] Er ist von «Ressentiment»[29] getrieben. Wenn er dann in einem familiären Disput – längst bevor der erste Mord in Reichweite ist – skandiert: «‹Die Moral ist nichts weiter als unnötiger Ballast›»,[30] dann tut die Erzählerin wenig dafür, dies als eine zumindest bedenkenswerte philosophische Position zu plausibilisieren: Gregor, auch wenn er mit Nietzsche «Prinz Vogelfrei» genannt wird, ist in der Figurenzeichnung ein Getriebener, der keineswegs aus einem nüchternen Nihilismus oder einem intellektuellen Immoralismus heraus handelt und sich die Sinnnegation zum philosophischen Prinzip gemacht hätte. Nach allem, was die Lesenden schon über ihn wissen, klingen seine Phrasen wenig glaubwürdig: «‹Selbstverständlich ziehe ich für mich persönlich die Position des Teufels vor [...] Ich hingegen lege meinem Teufel keine Zügel an.›»[31] Und dennoch verliert er, obwohl er doch angeblich so viel Freude an der intellektuellen Kontroverse hat, gleich die Fassung, schleudert seinem Kontrahenten ins Gesicht: «‹Du moralinsaures Arschloch. Was weisst du denn schon von der grandiosen Schönheit des Lebens.›»[32] Sagt's und stürmt hinaus, was seine Halbschwester und späteres Opfer Thea mit den Worten kommentiert: «‹Er hat einfach alles vergessen, was mit Dialektik gemeint ist.›»[33]

So geht es fort und eben auch nicht, weil unser Fast-Mörder eigentlich ein Langweiler ist, so bedeutend seine alle unbe-

28 Ebd., S. 133.
29 Ebd.
30 Ebd., S. 185.
31 Ebd., S. 186.
32 Ebd., S. 187.
33 Ebd.

kannten Gemälde sein mögen.[34] Niemand wundert sich mehr, dass er meint, man solle «sich nie und für nichts schämen, weil man sich damit unnötige Hemmschwellen in den Weg legte».[35] Er hat eben «‹seine inneren Ungeheuer, eins nach dem anderen, von der Kette gelassen›»,[36] wie seine Halbschwester Karo weiss. «‹Wahrscheinlich hat es ihn gewurmt, dass er nicht selber Gott war.›»[37] Oder nüchterner: «Gregor hatte sich [...] von den allgemeinen Normen verabschiedet.»[38]

Seine Gegenspielerinnen hingegen haben die Vernunft und die Moral für sich gepachtet – oder doch wenigstens die Goldene Regel[39] und die Gesinnungsethik.[40] Dass gerade Karo in ihrer penetranten moralischen Überlegenheit für den Prinzen Vogelfrei eine wandelnde Provokation gewesen sein muss, lässt sich leicht ausdenken. Jedoch will er gerade sie, die nach dem Motto *scribo ergo sum* lebt,[41] erstaunlicherweise nicht aus dem Weg räumen.

Das Irritierende an Satans Austreibung ist, wie sonnenklar das Gute und das Böse hier verteilt sind und mit welcher Selbstverständlichkeit die Vernunft aufseiten der sittlichen Weltordnung und das Verbrechen aufseiten ihrer Leugner an-

---

34 Früher hatte es zur Begründung, warum Gregor seine Bilder nicht ausstellen wollte, geheissen: «Man sollte immer sein Bestes verbergen und für sich behalten. Darum verstand er auch jene reichen Sammler so gut, die ihre Schätze in einem klimatisierten Tresorraum aufbewahrten, zu dem nur sie Zugang hatten.» (Ebd., S. 134).

35 Ebd., S. 246.

36 Ebd., S. 288.

37 Ebd., S. 321. Natürlich soll er auch Nietzsches Dionysos falsch verstanden haben, siehe S. 189–191.

38 Ebd., S. 260.

39 Ebd., S. 258.

40 Ebd., S. 290.

41 Ebd., S. 263.

gesiedelt sind. Den Verdacht, dass es auch anders sein könnte – Verbrechen vernünftig, Moral unvernünftig –, will der Roman nicht aufkommen lassen. Und er setzt alles daran, die durch den Möchtegern-Mörder gestörte sittliche Weltordnung wiederherzustellen. Die wichtigen Toten erweisen sich als nicht tot; die gestörte Familienidylle wird Stück für Stück restituiert und selbst (dem dann leider seinerseits verblichenen) schwärzesten Familienschaf «sogar eine Versöhnung» in Aussicht gestellt, «nach vielen Jahren in der Verbannung».[42] Karo, die Tat-, Rat- und Moralheldin, macht sich für ein «Brückenprinzip»[43] stark, und ihr Verbündeter, Martin, ist um eine moralische Heilsökonomie nicht verlegen: ‹«Vielleicht existiert ja doch irgendwo über dem Universum ein allmächtiges Wesen, das sich um uns kümmert und für Gerechtigkeit sorgt.›»[44]

Die Stimmenvielfalt, für die sich Annemarie Pieper in ihren Romanen stark machte, gehorcht doch immer der gebieterischen Stimme einer moralischen Vernunft, die alle geistigen Extreme meidet und sie selbst einem potenziellen Mörder, der bloss pathologisch affektderoutiert ist, nicht ernsthaft zutraut. Die Philosophie steht dabei immer stramm auf der Seite der moralischen Vernunft und gerät nie in den Verdacht (der sie spätestens seit Sokrates' Verurteilung insgeheim begleitet), selbst Verbrechen zu sein. Der Roman erweist sich als Vehikel, allerlei Philosopheme unters Volk zu bringen, in lebensfreundlicher, leutseliger Absicht: Der ausserliterarische Geltungsanspruch dieser Philosopheme steht nicht infrage; fern davon, blosse Bildungsschlacken zu sein, sollen sie das Leben der Lesenden erhellen, vielleicht verändern.

---

42 Ebd., S. 261.

43 Ebd., S. 265 u. 275.

44 Ebd., S. 308.

Und der Roman führt alles auf wundersame Weise zum Happy End: Die Erzählerin bringt selbst zuwege, was sie ihrem Antihelden versagt hat, nämlich Gott zu spielen und die kosmische Harmonie – zumindest im beschaulichen Kölner Massstab – wiederherzustellen. Nicht einmal die Toten dürfen tot sein – mit Ausnahme des Bösewichts, denn der muss büssen und mit seinem Leben bezahlen, auch wenn seine Bilder als positive Hinterlassenschaften wenigstens fotografisch erhalten bleiben und damit eine modernetypische Separation der ästhetischen und der ethischen Sphäre unterstrichen wird: Das moralisch verworfene Individuum kann dennoch grosse Kunst geschaffen haben, die für sich wertvoll ist. Moralisch hingegen greift die unerbittliche Nemesis, die den Übeltäter über die Klippe springen lässt. In der «Vorbemerkung» zur *Klugscheisser GmbH* hatte sie das bereits in den Roman hineingehörende Ich aufgerufen und freundlich umgedeutet: «Mein Vorbild ist Nemesis, die meistens als Göttin der Rache charakterisiert wird. Doch eigentlich ist sie die Göttin des Masses, denn sie wacht über die Grenzen, die den menschlichen Lebewesen gesetzt sind und die zu überschreiten unweigerlich eine Bestrafung nach sich zieht.»[45]

Skeptischer ist da der Ton, in dem trotz finaler Harmonieerschaffung, die den Kitsch nicht scheut, *Satans Austreibung* ausklingt: «Vielleicht bestand überhaupt die ganze Lebenskunst in nichts anderem als im Verschwindenlassen von Löchern, die, ausgefüllt mit Wörtern, einen Gesamtkontext vortäuschten, den es an sich gar nicht gab, ohne den jedoch nur Fragmente existieren würden, die nicht zueinander passten.»[46] Diese Karo untergeschobene Reflexion konterkariert den unerbittlichen Aufklärungswillen der erfolgreichen

45 Pieper 2006, S. 15.

46 Pieper 2010a, S. 350.

Schriftstellerin, jedes noch so mysteriöse (Familien-)Geheimnis ins grelle Licht zu stellen. Löcher zu stopfen, wird der Phantasie womöglich leichter fallen als der moralisch angeblich so gebundenen Vernunft. Welche Löcher Annemarie Piepers Romankunst verschwinden lassen wollte, werden ihre künftigen Lesenden ergründen. Im letzten Takt meldet sich die Vielstimmigkeit zurück.

Bibliografie

Dürrenmatt, Friedrich: «Theaterprobleme [1954]», in: ders.: Gesammelte Werke in sieben Bänden. Bd. 7: Essays – Gedichte, Zürich 1996, S. 28–69.

Pieper, Annemarie: Geschichte und Ewigkeit bei Sören Kierkegaard. Das Leitproblem der pseudonymen Schriften, Meisenheim 1968.

Pieper, Annemarie: «Ein Seil, geknüpft zwischen Thier und Übermensch». Philosophische Erläuterungen zu Nietzsches *Also sprach Zarathustra* von 1883, Basel 2010 (zuerst Stuttgart 1990).

Pieper, Annemarie: Umwege zur Philosophie, in: Hauskeller, Christine/Hauskeller, Michael (Hg.): «...was die Welt im Innersten zusammenhält». 34 Wege zur Philosophie, Hamburg 1996, S. 116–122.

Pieper, Annemarie: Die Klugscheisser GmbH. Roman, Basel 2006.

Pieper, Annemarie: Satans Austreibung. Roman, Basel 2010a.

Pieper, Annemarie: «Mein neuer Verlag unter altem Dach», in: Schwabe Magazin, Nr. 1 (2010b), S. 12.

Pieper, Annemarie: Frag nicht, wo die Blumen sind. Roman, Hannover 2019.

Pieper, Annemarie/Thurnherr, Urs: Was sollen Philosophen lesen?, Berlin 1994.

Sommer, Andreas Urs: Die Kunst des Zweifelns. Anleitung zum skeptischen Philosophieren, München 2005.

Sommer, Andreas Urs: «Friedrich Dürrenmatt – Philosophie und Verbrechen», in: Gisi, Lucas Marco/Wirtz, Irmgard M. unter

Mitarbeit von Benedikt Koller (Hg.): Wirklichkeit als Fiktion – Fiktion als Wirklichkeit. Neue Perspektiven auf Friedrich Dürrenmatt, Göttingen 2024, S. 46–62.

Warum wir den philosophischen Kanon erweitern sollten

Markus Wild

Eine Hauptursache philosophischer Krankheiten – einseitige Diät: man nährt sein Denken nur mit einer Art von Beispielen. (Ludwig Wittgenstein)

Die verrückte Margarethe

Haben Sie schon einmal den Namen René Descartes gehört? Ich vermute mal, dass dem so ist. Vermutlich wissen Sie auch, dass Descartes den Satz «Ich denke, also bin ich» prägte und eine strikte Trennung zwischen Körper und Geist einführte. Ist Ihnen der Name Mary Astell schon begegnet? Nein? Das wäre nicht überraschend. Ausserhalb des kleinen Kreises, der sich mit der Philosophie des 17. und 18. Jahrhunderts befasst, ist diese Philosophin unbekannt.[1] Während Descartes fest im Zentrum des westlichen Kanons der Philosophie verankert ist, hält sich Astell ganz am Rand der Philosophiegeschichte auf, und während Descartes in unserer Wissenskultur wie eine Statue weithin sichtbar ist, fristet Astell ein unsichtbares Dasein im Laptop der Gelehrsamkeit. Letzteres trifft leider auf viele Philosophinnen zu und ich werde im Folgenden noch einige

1 Es existiert seit 20 Jahren ein ausgezeichneter und ausführlicher Eintrag über Mary Astell in der häufig benutzten philosophischen Online-Enzyklopädie *The Stanford Encyclopedia of Philosophy*, vgl. Sowaal 2023.

Namen nennen, von denen Sie vielleicht noch nie gehört haben. Lassen Sie sich davon nicht abschrecken!

Mary Astell wurde 1666 in Nordengland geboren und starb 1731 in London. Ihr bekanntestes Buch trägt den Titel Ein ernsthaft gemeinter Vorschlag für die Damen, Teil 1 und Teil 2, worin eine Methode zu Verbesserung ihres Denkens gemacht wird (1694, 1697).[2] Astell wird manchmal als «erste englische Feministin» bezeichnet, weil sie sich für die Gleichheit von Mann und Frau aussprach, die Heirat als ungerechtfertigte Unterwerfung kritisierte und Frauen dazu aufrief, eigene Schulen zu gründen. In ihrer Kritik der Geschlechterungleichheit stützte sie sich insbesondere auf die Philosophie von Descartes, die sie sehr gut kannte.

Der letzte Punkt mag überraschen, denn Descartes gilt in der feministischen Kritik des Kanons der 1970er- bis 1990er-Jahre als Inbegriff männlichen Denkens. Drei Hinweise auf diese Kanonkritik können dies illustrieren. Die Psychoanalytikerin Luce Irigaray analysierte, wie in den Werken Descartes' und anderer kanonischer Denker systematisch weibliche Aspekte unterdrückt und ausgegrenzt werden; die Philosophiehistorikerin Genevieve Lloyd zeichnete nach, wie in der Philosophiegeschichte durch alle Strömungen hindurch Objektivität und Rationalität mit Männlichkeit assoziiert sind; und die Geschlechterforscherin Susan Bordo brachte diesen Gedanken insbesondere mit Descartes' Wirken und der Entstehung der modernen Naturwissenschaften in Verbindung, die beide einen Bruch mit vormodernen Denkweisen darstellen, die Frauen gegenüber offener waren.[3]

Warum bezog sich Mary Astell ausgerechnet auf Descartes als Gewährsmann für ihre proto-feministischen Argumen-

---

2 Vgl. Astell 2002.

3 Vgl. Irigaray 1980; Bordo 1987; Llyod 1992.

te? Erstens fanden sich in Descartes' Werk zahlreiche Regeln dafür, wie das eigene Denken verbessert werden konnte. Zweitens war Descartes' Geist aufgrund der radikalen Trennung vom Körper geschlechtslos. Das Geschlecht, aber auch die soziale Herkunft, prägen sich dem Körper ein, nicht dem Geist. Astell kam zum Schluss, dass sich der Geist mithilfe einer Methode zur Verbesserung des Denkens von den geschlechtlichen und sozialen Prägungen des Körpers distanzieren könne. Sie verfocht die radikale Ansicht, dass alle Menschen unabhängig von Geschlecht und sozialer Herkunft gleichermassen in der Lage sind, in ihrem Geist klare und deutliche Ideen zu produzieren und sich dadurch zu bilden und zu emanzipieren.

Mary Astell spielt in den drei Arbeiten der feministischen Kritik der Philosophiegeschichte, auf die ich oben hingewiesen habe, keine Rolle. Diese befassen sich vorwiegend mit kanonischen Figuren wie Platon, Aristoteles, Descartes, Hobbes, Kant oder Hegel. Paradoxerweise lässt diese Kritik den philosophischen Kanon also intakt. Anders als die damit illustrierte feministische Kritik der Philosophiegeschichte interessiert sich feministische Philosophiegeschichtsschreibung für übersehene oder vergessene Denkerinnen wie Mary Astell. Muss der philosophische Kanon tatsächlich ausschliesslich aus Männern bestehen? Können, ja müssen wir das Personal nicht erweitern oder austauschen statt es intakt zu lassen?

Vor knapp 30 Jahren gab die Philosophiehistorikerin Margaret Atherton den Band *Women Philosophers of the Early Modern Period* (1994) heraus.[4] Darin finden sich, hilfreich eingeleitet und kommentiert, Auszüge aus philosophischen Texten von Frauen aus dem Zeitraum zwischen 1640 und 1830. Atherton wählte Texte von Prinzessin Elisabeth von Böhmen, Margaret Cavendish (Duchesse of Newcastle), Anne Vis-

4 Vgl. Atherton 1994.

countess Conway of Newcastle, Damaris Cudworth (Lady Masham), Catharine Trotter Cockburn, Lady Mary Shepherd sowie von Mary Astell. An dieser Liste fällt der grosse Anteil an Adelstiteln auf. Das ist wenig verwunderlich, denn in dieser Epoche konnten sich in erster Linie adlige Frauen eine private Bildung leisten, der Zugang zu Gymnasien und Universitäten war ihnen verwehrt. So fehlte ihnen oftmals die Fähigkeit, die Gelehrtensprache der Epoche, das Latein, zu lesen und zu schreiben. Gegen diesen Bildungsausschluss wehrte sich Mary Astell. Ausserdem konnte die philosophische Schriftstellerei der Reputation einer Frau erheblichen Schaden zufügen, wenn sie nicht aus dem Hochadel stammte oder unter adliger Protektion stand. Darum veröffentlichten die meisten Frauen ihre Werke nicht selbst oder höchstens anonym. Stattdessen nahmen diese Philosophinnen lieber zu einem Genre Zuflucht, das ihnen offenstand, nämlich dem Briefwechsel. So ist beispielsweise die Philosophie Elisabeths von Böhmen ausschliesslich in Briefen überliefert. Margaret Cavendish, die als eine der ersten Frauen der Neuzeit überhaupt sich traute, Bücher unter ihrem eigenen Namen zu veröffentlichen, wurde Gegenstand gehässiger Kritik und bösartiger Satire. Sie war »Mad Madge«, die verrückte Margarethe.[5]

Annemarie Pieper, feministische Philosophin

Zu Beginn der 1990er-Jahre entdeckte Annemarie Pieper die feministische Philosophie und die feministische Kritik an der Philosophiegeschichte. (Zur Rolle des Feminismus in Annemarie Piepers Denken und Wirken vgl. die Essays von Patricia Purtschert und Katrin Meyer in diesem Band.) Ihre Erfahrung

5 Whitaker 2002.

als eine der damals raren Professorinnen an der Universität Basel, das vorherrschende konservative Geschlechterbild der Schweiz und nicht zuletzt das Drängen ihrer Studentinnen haben sie motiviert, sich diesem Thema zuzuwenden, dem sie sich mit Engagement in Lehre und Forschung widmete. Gemeinsam mit ihren wenigen Basler Kolleginnen brachte Annemarie Pieper die feministische Perspektive auch in die universitäre Selbstverwaltung ein. Ich durfte als Student an einem ihrer Seminare über feministische Philosophie teilnehmen und ich erinnere mich an intensive und für mich augenöffnende Diskussionen. Als Student sprach ich von und mit Annemarie Pieper stets respektvoll als von «Frau Pieper», niemals nur von «Pieper» oder «dä Piepere», wie es bei anderen Professoren der Fall war.

Als Resultat ihrer Beschäftigung mit dem feministischen Denken verfasste Annemarie Pieper zwei kurze, aber einflussreiche Bücher zur feministischen Ethik: *Aufstand des stillgelegten Geschlechts* (1993) und *Gibt es eine feministische Ethik?* (1998). Schlägt man das zweite Buch auf, tritt einem sogleich mit Wucht das Problem des philosophischen Kanons entgegen. «Wir können heute auf eine rund dreitausendjährige Geschichte der Philosophie zurückblicken. In dieser Geschichte kommen Frauen nicht vor.»[6] Die grossen und kleinen Denker der Philosophiegeschichte sind ausschliesslich Männer, der philosophische Kanon ist ein dreitausendjähriges Männerheim, Frauen sind in diesem Kanon nicht einmal, wie es so herablassend heisst, «mitgemeint», sie sind inexistent.

Nicht nur historisch, auch institutionell war (und ist) die Philosophie eine Männerdomäne. Vor 30 Jahren zählte Annemarie Pieper im deutschen Sprachraum gerade einmal 2 Prozent Professorinnen der Philosophie, der grosse Rest waren

6 Pieper 1998, S. 7.

Männer. Heute sind es immerhin fast 25 Prozent Inhaberinnen von Philosophieprofessuren. Aber nach wie vor rangiert mein Fach in den Geistes- und Sozialwissenschaften mit Blick auf den Frauenanteil unter den Schlusslichtern. Dies ist umso überraschender, so Annemarie Pieper, als Philosophen es doch als Meister des geschulten rationalen Urteilsvermögens und der distanzierten und kritischen Beobachtung besser wissen und von sexistischen Vorurteilen und Geschlechterstereotypen frei sein müssten. Weit gefehlt! In ihrer Autobiografie *Umwege zur Philosophie* (1996) zögert Annemarie Pieper nicht, die Stolpersteine beim Namen zu nennen, die ihr als aufstrebende Akademikerin in den Weg gerollt wurden. So bekam sie, wenn sie in den 1980er-Jahren zu Berufungsvorträgen eingeladen wurde, in der Regel zwei Standardfragen zu hören: «Wie wollen Sie sich, so jung und noch dazu als Frau, gegen die Studenten durchsetzen? Wie können Sie es verantworten, einem Mann mit Familie die Stelle wegzunehmen?»[7] Den Frauen, die nach Philosophieprofessuren strebten, wurde auf diese aggressive Art und Weise nicht nur die Fähigkeit dazu abgesprochen, sondern aus ihrem Ehrgeiz wurde auch noch ein moralischer Vorwurf gemacht.

Kehren wir zum Kanon zurück. Sind Frauen in der Philosophiegeschichte tatsächlich inexistent? Wie wir bereits gesehen haben, ist es keineswegs so, dass die Geschichte der Philosophie keine Denkerinnen gekannt hätte. Sie wurden jedoch oft nicht zur Kenntnis genommen oder verfielen dem Vergessen. Annemarie Pieper verweist auf die 1147 Einträge des *Lexikon der philosophischen Werke* (1988), das gerade einmal sechs Werke von vier Philosophinnen erwähnt (Hannah Arendt, Hedwig Conrad-Martius, Mechthild von Magdeburg und Edith Stein), obschon in den restlichen 1141 Artikeln auch

7 Pieper 1998, S. 119–120.

reichlich obskure Denker und abwegige Werke gewürdigt werden. Etwas besser stand es um das *Lexikon Philosophie der Gegenwart* (1991), worin unter 113 Einträgen immerhin sieben Frauen vorkamen (zu den bereits genannten vier Denkerinnen hinzu kamen Elizabeth Anscombe, Luce Irigaray, Julia Kristeva und Simone Weil). Mit Ausnahme Mechthilds von Magdeburg lebten diese Frauen im 20. Jahrhundert. Um jedoch den Verdacht auszuräumen, es hätten vor dem 20. Jahrhundert schlicht und ergreifend keine Philosophinnen existiert, lädt uns Annemarie Pieper dazu ein, einen Blick in das *Philosophinnen-Lexikon* (1997) zu werfen, in dem man 204 Philosophinnen findet.[8] Sie hätte auch auf das vierbändige Werk *A History of Women Philosophers* verweisen können, das Mary Ellen Waithe von 1987 bis 1995 herausgegeben hat und das über 70 ausführliche Darstellungen von Philosophinnen von der griechischen Antike bis in die Mitte des 20. Jahrhunderts enthält. Man reibt sich verwundert die Augen!

Ein Fallbeispiel: Gottlob Frege und E. E. Constance Jones

Wie kommt es, dass sich kaum Frauen in der Philosophiegeschichte finden? Wie gesagt, sie existierten, werden aber nicht wahrgenommen. Welche Mechanismen sorgen dafür, dass Frauen im philosophischen Kanon keinen Platz finden? Betrachten wir einen exemplarischen Fall. Er wird uns dabei helfen, auf einige einfache Ausschlussmechanismen aufmerksam zu werden.

Für die Philosophiegeschichte des 20. Jahrhunderts ist der Mathematiker und Logiker Gottlob Frege (1848–1925) eine

8 Vgl. Pieper 1998, S. 16–17.

aussergewöhnlich einflussreiche Figur. Frege gilt als Pionier, ja als Begründer der modernen Logik und der eigenständigen Sprachphilosophie. Durch Frege wurden Logik und Sprachphilosophie zu den Grundlagen des Philosophierens. Bedenkt man, welche Bedeutung Logik und Sprache im 20. Jahrhundert insbesondere in der heute im Westen dominierenden Strömung der analytischen Philosophie erhalten sollten, ist dies keine geringe Leistung. Zusammen mit anderen Logikern und Sprachphilosophen wie Ludwig Wittgenstein oder Bertrand Russell wird Frege immer wieder als einer der «Grossväter» oder «Väter» der analytischen Philosophie bezeichnet. Freges Texte gehören zu den Klassikern der Philosophie, seine Gedanken werden in jedem Kurs zur Sprachphilosophie eingeführt, auch in meinen Einführungskursen an der Universität Basel.

Im selben Jahr wie Frege wurde die englische Logikerin Emily Elizabeth Constance Jones (1848–1922) geboren. Ihre logischen Arbeiten wurden unter Zeitgenoss*innen intensiv und kritisch diskutiert. Sie war die erste Frau, die 1896 im exklusiven Cambridge Moral Sciences Club einen Vortrag hielt. Im Jahr 1884 wurde sie Dozentin («Lecturer») und später Vorsteherin («Mistress») am Girton College, dem ersten Frauen-College der Universität Cambridge. (Genau einen solchen Ort hatte sich Astell gewünscht.) Wir finden bei Frege und Constance Jones durchaus vergleichbare philosophische Gedanken, die sie in den 1890er-Jahren unabhängig voneinander entwickelt veröffentlichten. Constance Jones (1911) hat ausdrücklich auf die Verwandtschaft ihrer Gedanken mit jenen Freges hingewiesen, auf der anderen Seite fehlt jedes anerkennende Wort. Constance Jones wurde nach ihrem Tod 1922 vergessen, Frege nicht. Während sich wichtige Denker positiv und wertschätzend auf Frege bezogen, bezogen sie sich eher negativ und beiläufig auf Constance Jones; während Frege allen, die Philosophie studieren, heute ein Begriff ist, bleibt Constance Jones unbekannt; während Bibliothekskataloge Hunderte von Werken der Sekundärliteratur über Frege ausspucken, finden sie bei Constance Jones kaum eine Handvoll davon.

Es ist unter den Expert*innen umstritten, ob Freges und Constance Jones' Ideen von gleicher Innovationskraft sind. Doch selbst wenn es zutreffen sollte, dass Frege innovativer war, ist dennoch offensichtlich, dass auch der Geschlechterunterschied eine Rolle für das weitere philosophiehistorische Schicksal dieser beiden Figuren spielte. Erstens haben intellektuelle Bewegungen und Schulen in der Philosophie zwar Väter, aber in der Regel keine Mütter. Descartes etwa gilt als der «Vater» oder «Grossvater» der modernen Philosophie. Offenbar können Philosophen Väter ganzer Epochen sein. Demgegenüber fällt es schwer, sich eine «Mutter» oder «Grossmutter» der modernen Philosophie vorzustellen. Die Philosophiegeschichtsschreibung, die es mit Gründungen, Strömungen und Schulen zu tun hat, hält es deshalb weitaus mehr mit Denkern als mit Denkerinnen. Zweitens wurden die Arbeiten von Constance Jones zwar zu ihren Lebzeiten diskutiert, doch blieb sie trotz ihrer Stellung am Girton-College eine Akademikerin, die weitaus stärker als ihre Kollegen durch die Arbeit als Lehrerin und Leiterin des Colleges absorbiert wurde.

Schliesslich hat sich Constance Jones vor allem mit der Logik und Erkenntnistheorie auseinandergesetzt. Diese und andere Gebiete der Theoretischen Philosophie gelten als besonders abstrakt, akademisch und anspruchsvoll, es sind die «harten» philosophischen Disziplinen. Die «weichen», konkreteren, lebensnäheren und zugänglicheren Gebiete wie Ethik, Ästhetik und Politik hingegen gehören zur Praktischen Philosophie. Stellt man heute Studierenden die Frage, welche Philosophinnen sie namentlich kennen, so werden überwiegend Namen von Frauen erwähnt, die Beiträge zur Ethik, Ästhetik und

Politik geleistet haben, wie Mary Wollstonecraft, Simone Weil, Hannah Arendt oder Simone de Beauvoir. Logikerinnen oder Erkenntnistheoretikerinnen wie Mary Shepherd, E. E. Constance Jones, Rose Rand oder Susan Stebbing haben demgegenüber einen schwereren Stand.

Wie leicht zu sehen ist, arbeiten sexistische Ausschlussmechanismen auf verschiedenen Ebenen zusammen. Ich habe in meinem Fallbeispiel auf vier solche Mechanismen hingewiesen: (1) *Bagatellisierung:* Frauen werden als Denkerinnen weniger ernst genommen als Männer. (2) *Isolierung:* Frauen gründen keine einflussreichen Schulen, sondern bleiben Einzelgängerinnen. (3) *Sozialisierung:* Frauen legen sich zahlreiche soziale Hindernisse in den Weg, die sie an konzentrierter und anhaltender philosophischer Arbeit hindern. (4) *Departementalisierung:* Werden Frauen als Philosophinnen wahrgenommen, dann überwiegend als Vertreterinnen der Praktischen Philosophie. Bereits am Beispiel der Philosophinnen des 17. und 18. Jahrhunderts wurde deutlich, dass diese Denkerinnen keine Schulen gründeten, es aber wie Astell gerne getan hätten *(Isolierung)*, und dass sie aufgrund des erschwerten Zugangs zur Bildung und des faktischen Publikationsverbots an der philosophischen Arbeit gehindert wurden *(Sozialisierung)*.

Was Annemarie Pieper am Kanon kritisierte und was nicht

Wir können festhalten: der philosophische Kanon ist männlich geprägt. Das lässt sich nicht auf die Abwesenheit von Philosophinnen zurückführen, sondern auf das Zusammenspiel verschiedener Ausschlussmechanismen. Die Philosophiehistorikerin Mary Ellen Waithe sprach noch vor wenigen Jahren davon, dass «Sex, Lies, and Bigottery» (Geschlechterkategorien, Lügengeschichten und fanatische Vorurteile) die formenden Kräfte des philosophischen Kanons sind.

Vermutlich war Annemarie Pieper dieser Zustand seit dem Antritt ihrer Professur in Basel 1981 mehr und mehr bewusst geworden. Sie bemerkte, dass sie fast ausschliesslich über die Ansichten von Männern lehrte und forschte und gelangte offenbar zur Ansicht, dass dies kein haltbarer Zustand sei. Sie versuchte, diesem Zustand eher mit den Waffen einer Philosophin als mit den Instrumenten einer Philosophiehistorikerin zu begegnen, nämlich durch die kritische Zerlegung eines nur scheinbar objektiven Verständnisses der Vernunft, die durch einen Kanon von Männern definiert wurde. Im Rahmen dieses Vernunftverständnisses wurde die Logik durch Unter- und Überordnungen bestimmt (statt als Wechselwirkungen), das Ziel der Vernunft als die Herstellung von Einheit verstanden (statt als Umgang mit Vielheit), der Mensch als Mann definiert (darum konnte die Frage auftauchen, ob Frauen überhaupt Menschen sind) und die Vernunft als männliche Eigenschaft bestimmt (denn Frauen sind ja bekanntlich emotional, flatterhaft und leiden unter einem Mangel an Realitätssinn). Im Mittelpunkt dieses männlichen – oder wie Annemarie Pieper es nannte: androzentrischen oder phallozentrischen – Denkens stehe die Idee der Selbsthervorbringung: Gott ist die Ursache seiner selbst, das Universum entsteht durch göttliche Zeugung aus dem Nichts, die Vernunft wird durch Selbstreflexion geboren, und Sokrates, der Inbegriff des Liebhabers der Weisheit, übernimmt gleich noch den Job einer Hebamme, indem er den Männern dabei hilft, ihre Gedanken gesund und wohlgeformt zur Welt zu bringen. Hauptsache, es geht ohne das andere Geschlecht.

Das männliche Denken, so die These, besetzt die Philosophie, erklärt die männlich gedeutete Vernunft zur ganzen Vernünftigkeit und wertet das weibliche Denken entweder ab oder bringt es zum Verschwinden. So sei der philosophische Kanon, so die männliche Vorherrschaft in der Philosophie (und in anderen Bereichen) zu erklären. Ihre Kritik an der Philosophiegeschichte entsprach also eher dem Vorgehen von Autorinnen wie Irigaray, Bordo oder Lloyd. Aber weder in der Lehre noch in der Forschung versuchte Annemarie Pieper den ausgeschlossenen, vergessenen oder halbherzig ernst genommen realexistierenden Denkerinnen der Philosophiegeschichte (wieder) eine Stimme zu geben. Obwohl ihr klar vor Augen stand, dass es viel mehr philosophierende Frauen gegeben haben muss, als die Philosophiegeschichten, Nachschlagewerke, Lexika und Chroniken zuzugeben bereit waren und sind, spielen diese Denkerinnen im Werk von Annemarie Pieper keine Rolle. Freilich bezog sie sich in ihren Werken zur feministischen Ethik auf zeitgenössische Philosophinnen und Feministinnen, doch abgesehen davon blieb der philosophische Kanon weitgehend unangetastet. Als positive Frauengestalten aus der Geschichte treten in *Gibt es eine feministische Ethik?* nur Kopfgeburten von Männern auf, etwa die Figur der Dike im Lehrgedicht von Vater Parmenides oder die weise Diotima, von der Sokrates in Platons Dialog *Das Symposion* berichtet.[9] Ansonsten blieb der traditionelle philosophische Kanon Annemarie Piepers ruhender Bezugspunkt sowohl in ihren akademischen als auch in ihren populären Arbeiten. *Nachgedacht. Philosophische Streifzüge durch unseren Alltag* (2014) führt über 80 philosophische und literarische Literaturverweise auf, darunter keine einzige Autorin. Im Band *Denkanstösse. Zu unseren Sinnfragen* (2021) finden sich die Werke der üblichen Verdächtigen wie Aristoteles, Descartes, Epikur, Goethe, Habermas, Kant, Leibniz, Nietzsche, Platon, Sartre oder Spinoza und natürlich die von ihr geliebten Existenzphilosophen Søren

9 Vgl. Pieper 1998, S. 116–121.

Kierkegaard und Albert Camus, aber ausser Luce Irigaray keine Frau.

Hat Annemarie Pieper einen Kanon fortgeführt, von dem sie wusste, dass er massiv männlich dominiert ist und offensichtlich sehr selektiv zustande gekommen war? Hat sie fraglos ausgerechnet jene Tradition akzeptiert, der sie nur auf steinigen Umwegen in die Philosophie führt und der ihr letztlich das Leben als Frau in diesem Beruf nicht leicht gemacht hat? Hat sie stillschweigend Geschlechterkategorien, Lügengeschichten und fanatische Vorurteile perpetuiert? Es geht mir nicht darum, Inkonsequenz oder gar Doppelmoral zu unterstellen. Das ist wirklich nicht mein Punkt. Vielmehr möchte ich mit diesen Fragen darauf hinweisen, dass es offenbar sehr schwierig ist, auch für eine Philosophin, die mit dem kritischen Blick einer Feministin auf den männlich dominierten Kanon ihrer Zunft blickt, den Kanon zu erweitern oder zu überschreiten. Warum ist das so?

Der Kanon hat eine identitätsstiftende Funktion für die Philosophie

In der Philosophie wird heute verstärkt über Kanonerweiterung diskutiert und debattiert. Der Kanon erscheint als ungebührlich selektiv. Diese Selektivität betrifft nicht nur die Exklusion von Frauen, sondern auch der aussereuropäischen Philosophie. Der riesige Bereich der aussereuropäischen Philosophie verkompliziert die Sache zusätzlich.

Ich denke, dass wir zuerst die identitätsstiftende Funktion des Kanons für das universitäre Fach Philosophie in den Blick nehmen müssen. Eine der besten Antworten auf die Frage, was Philosophinnen und Philosophen so machen, besteht darin, auf Platon, Kant oder Nietzsche zu zeigen und zu sagen: In etwa so was. Der Kanon definiert, was dieses Fach ist. Er gibt nicht nur der Geschichte, sondern dem Fach selbst eine Identität. Die kanonischen Figuren legen einen grossen Teil der Aufgaben des Fachs fest. Aristoteles beispielsweise gehört zum Kern des philosophischen Kanons. Entsprechend wird die Pflege seiner Werke und der dazu gehörenden Kommentartradition als wichtig erachtet und ebenso die Pflege des philologischen Instrumentariums, das für die Aristoteles-Pflege erforderlich ist. Philosoph*innen, die sich mit Montaigne, Goethe oder Ernst Jünger befassen, geraten bisweilen unter Identitätsdruck, weil diese drei Figuren eigentlich in andere Disziplinen gehören.

Der Kanon bestimmt auch normativ ein Bild dessen, was wir unter Philosophie zu verstehen haben. Diesem Bild zufolge hat die Philosophie einen eurozentrischen Ursprung und entstand in Griechenland. Die Vorsokratiker galten als erste Philosophen, Thales von Milet als erster Philosoph, Sokrates holte die Philosophie vom Himmel auf die Strasse, Aristoteles war der erste grosse Systematiker, Kant leitete eine kopernikanische Wende ein usw. Die meisten Philosophen entwickeln ihre Ideen in Auseinandersetzung mit ihren kanonischen Vorgängern, will man diese Ideen verstehen, muss man die Vorgänger verstehen.

Die Reihe grosser Namen, die den Kanon der Philosophie dominieren, schafft ganz konkret Legitimation für philosophische Gesellschaften, Editionsprojekte von Gesamtwerken, Expertenzirkel, Fachzeitschriften, Ausgaben und Einführungen für Studierende und Laien, drittmittelfinanzierte Forschungsprojekte usw. Insbesondere sind kanonische Figuren ein Medium der Kommunikation mit anderen Disziplinen und mit der gebildeten Öffentlichkeit. Diese Kommunikation gelingt besser, wenn ich kurz auf einen berühmten Satz von Descartes oder einen berühmten Gedanken von Voltaire verweisen kann.

Mit Mary Astell oder Emilie de Châtelet habe ich es da schon schwerer.

Wie wir gesehen haben, wurden und wird viel Energie und Zeit investiert, die Denkerinnen der Vergangenheit durch Lexika, Neueditionen und Forschung zugänglich und verständlich zu machen. Allerdings erscheint die Beschäftigung mit Philosophinnen als ein Spezialgebiet, was zu einer Ghettoisierung der Frauen in der Philosophiegeschichte führt. Sie gelangen nicht ins Hauptschiff, sondern stehen höchstens in den Seitenkapellen. Der Versuch der Erweiterung des Kanons durch Philosophinnen wie Astell oder Constance Jones führt paradoxerweise nicht zu einer Kanonerweiterung, er bleibt vielmehr unangetastet.

Das Problem besteht nun darin, dass westliche Philosophinnen nicht in den Kanon als Teil eines philosophischen Gesprächs aufgenommen werden, sondern eine Art exotische Sondermission erhalten: Sie stehen für ein dem Kanon gegenüber «anderes» Denken. Das bedeutet, dass die feministische Kritik am Kanon nicht nur dazu geführt hat, diesen weitgehend intakt zu lassen, sondern im Effekt auch dazu, die Philosophinnen in einer abgesonderten Kategorie abzulegen. Dort kann sich ihnen die Sonderforschung widmen und hin und wieder wird in der Lehre als Sonderfall ein Seminar zu Philosophinnen angeboten. Was fehlt, ist ein *Mainstreaming* der Philosophinnen und das Eingeständnis, dass der Kanon selbst weitaus heterogener ist, als wir denken.

Zwei Gründe, warum wir den philosophischen Kanon erweitern sollten

Kanonerweiterung in der Philosophie ist eine harte Arbeit, die langsam und in kleinen Schritten vorangeht. Aber sie geht voran. Heute sind Mary Astell oder Margareth Cavendish für Kennerinnen und Kenner der Philosophie des 17. Jahrhunderts geläufige Namen. Es existieren zuverlässige und erschwingliche englischsprachige Ausgaben der Haupttexte dieser Denkerinnen, die in Philosophieseminaren benutzt werden, immer häufiger auch im deutschen Sprachraum. Ich selber habe im Sommersemester 2006 an der Humboldt-Universität zu Berlin, gemeinsam mit einer Kollegin von der Freien Universität Berlin, ein Seminar mit dem Titel «Die Naturphilosophie von Margaret Cavendish und Anne Conway» angeboten. Als Gast luden wir Prof. Sarah Hutton ein, eine renommierte britische Philosophiehistorikerin, die unter anderem auch zu Philosophinnen des 17. Jahrhunderts arbeitete und dazu zahlreiche Veröffentlichungen vorgelegt hat. Ich freute mich sehr auf diese Veranstaltung. Ich muss jedoch gestehen, meine Enttäuschung darüber war recht gross, dass sich in zwei grossen Berliner Universitäten nicht einmal zehn Studierende, darunter viele englischsprachige Gäste, für ein solches Seminar interessierten. Allerdings sollte man meine Enttäuschung von damals nicht überbewerten. Die Idee der Kanonerweiterung hatte sich unter den europäischen Studierenden der Philosophie 2006 noch nicht herumgesprochen und das Englische stellte weitaus stärker als heute ein Hemmnis dar. Im Jahr 2020 unterrichtete ein jüngerer Kollege von mir ebenfalls an der Humboldt-Universität zu Berlin ein Seminar zu Frauen in der Philosophiegeschichte des 17. Jahrhunderts. Mit Erfolg. Der Zuspruch war gross, das Englische stellte kein Hindernis mehr dar. Der Zeitgeist hat eine glückliche Wendung genommen, wie ich finde, und ich denke, dass wir auch mehr aussereuropäische Philosophie in unsere Lehre einbauen sollten.

Nicht alle halten diese Wendung für glücklich. Im Juli 2024 erschien in der Zeitschrift *Cicero* – wiederum ein Name aus dem Kanon! – ein kritischer Artikel mit dem Titel «Decolonising Philosophy: Ein Angriff auf die Wissenschaftsfreiheit» zur Frage der Kanonerweiterung, verfasst von drei Philosophieprofessor*innen.[10] Meine Kolleg*innen verweisen mit gespieltem Entsetzen auf die Empfehlung einer Londoner Hochschule, die konkrete Tipps gibt, wie man den Philosophieunterricht inklusiver machen könnte. Anstatt nur kanonische Figuren und westliche, weisse Männer in einem Seminar über Erkenntnistheorie zu diskutieren, könnte man auch einmal nur aussereuropäische und feministische Texte lesen und diskutieren. Ich fand diese Tipps hilfreich und sie haben mich zum Nachdenken angeregt.[11] Ganz anders die Reaktion meiner Kolleg*innen im *Cicero!* Eine Welle der Säuberung komme auf uns zu! Der Regulierungswahn ersticke die Freiheit! Die Empfehlung würde zu einer Waffe gegen Andersdenkende! Die Erfahrung mit *diversity, equity, and inclusion* (DEI) an amerikanischen Universitäten zeige, dass es nicht bei Empfehlungen bleiben werde! Das Strickmuster des Artikels ist leicht zu durchschauen, es findet sich als Rezept für unzählige polemische Artikel und Bücher, die vor dem Untergang des Abendlandes warnen. Zuerst wird ein Einzelfall aufgebauscht und als Symbol einer angeblich breiten Bewegung hingestellt, dann wird vor amerikanischen Verhältnissen gewarnt und schliesslich ein wahrhaft apokalyptisches Szenario der Unfreiheit

---

10 Esfeld/Schönecker/Freiin von Villiez 15.07.24: https://www.cicero.de/kultur/postkolonialismus-an-universitaten-decolonising-philosophy-ein-angriff-auf-die-wissenschaftsfreiheit.

11 Siehe Aggarwal et al.: https://www.soas.ac.uk/decolonising-philosophy-curriculum-toolkit.

gezeichnet. Ist man in diesem Strickmuster gefangen, kann das Ziel der feministischen und postkolonialen Kanonerweiterung nur die Zerstörung des philosophischen Kanons sein.

Mich erstaunt es immer wieder, dass die angeblichen Freunde der Freiheit vor Verboten warnen, nur um dann selbst die unsinnigsten Verbote einzuführen. So haben Ministerpräsident Markus Söder und die CSU in Bayern so lange vor angeblichen Sprachverboten gewarnt, dass sie gleich selbst ein «Genderverbot» eingeführt haben. Die zweite Trump-Administration streicht mittlerweile die DEI in allen regierungsnahen Organen zusammen und säubert Texte auf eine derart groteske Weise von «verbotenen Wörtern» wie «Anti-Rassismus», «Gender», «Klima-Krise», «Minderheiten», «Sex», «schwanger», «Opfer» oder «schwul» *(gay)*, dass zeitweilig sogar Bilder der ersten Frau, die das Infanterietraining im US-Militär absolviert hatte, aus dem Netz verschwinden mussten, weil ihr Name Enola Gay war.

Der *Cicero*-Artikel kann als Ursache für das Bemühen um eine Erweiterung des philosophischen Kanons nichts anderes sehen als eine Ideologie der «Wokeness». Ich halte das für falsch. Es gibt meines Erachtens zwei gute Gründe, unseren selektiven Kanon zu erweitern und vielmehr Philosophinnen, aussereuropäisches Philosophieren (und von mir aus gerne auch die Tradition der katholischen Philosophie) dauerhaft als Teil der Identität meines Faches zu verstehen. Der erste Grund betrifft die Gerechtigkeit. Wir schulden es den Denkerinnen, die durch sexistische Mechanismen aus dem Kanon ausgeschlossen worden und zur Unsichtbarkeit verurteilt worden sind, sie in das philosophische Gespräch zurückzuholen. Der zweite Grund betrifft die Erkenntnis.

In der sozialwissenschaftlichen und wissenschaftstheoretischen Forschung wird seit vielen Jahren betont, dass Vielfalt kein Selbstzweck ist, sondern einen Beitrag zur Erkenntnis leistet. Der Grundgedanke dieser Forschungsrichtung lautet, dass die kognitive Vielfalt die Erkenntnisleistung einer Gruppe erhöhen könne und dass kognitive Vielfalt wiederum durch soziale Vielfalt erhöht werde. Daraus folgt, dass soziale Diversität die Erkenntnisleistung steigern kann. Der von Hegel verspottete philosophische «Vorrat von Meinungen» kann uns eben wertvolle Denkstoffe zuführen und unsere gedankliche Nahrung aufwerten. Ohne Kanonerweiterung bleibt die Philosophie dümmer, als sie es sein müsste.

Annemarie Pieper hat diese Kanonerweiterung selbst nicht vorangetrieben. Sie hat sich auf die identitätsstiftende und kommunikative Funktion des Kanons verlassen. Dafür gibt es gute Gründe. Ich bin jedoch überzeugt, dass sie für die beiden eben angeführten Gründe zugunsten der Kanonerweiterung mehr als nur offene Ohren hätte. Gerechtigkeit und der Verzicht auf die Anstrengung, dumm zu bleiben, waren für sie, wie ich sie in Erinnerung habe, allemal überzeugend. Und sie hätte sicher hell lachend ihre unfreiwillige Kanon-Hörigkeit anerkannt.

Bibliografie

Aggarwal, Aanya et al.: «Decolonising Philosophy. Curriculum Toolkit», verfügbar unter: https://www.soas.ac.uk/decolonising-philosophy-curriculum-toolkit [13.03.25].

Astell, Mary: A Serious Proposal to the Ladies, Parts I and II. Wherein a Method is offer'd for the Improvement of their Minds, Springborg, Patricia (Hg.), Ontario 2002.

Bordo, Susan: The Flight to Objectivity: Essays on Cartesianism and Culture, Albany 1987.

Esfeld, Micheal/Schönecker, Dieter/Freiin von Villiez, Carola: «Decolonising Philosophy: Ein Angriff auf die Wissenschaftsfreiheit», 15.07.24, verfügbar unter: https://www.cicero.de/kultur/post

kolonialismus-an-universitaten-decolonising-philosophy-ein-angriff-auf-die-wissenschaftsfreiheit [13.03.25].

Lloyd, Genevieve: The Man of Reason: «Male» and «Female» in Western Philosophy, Minneapolis 1993.

Luce Irigaray: Speculum. Spiegel des anderen Geschlechts. Aus dem Französischen von Xenia Rajewsky, Gabriele Ricke, Gerburg Treusch-Dieter und Regine Othmer. Frankfurt a. M. 1980.

Pieper, Annemarie: Aufstand des stillgelegten Geschlechts. Einführung in die feministische Ethik, Freiburg/Basel/Wien 1993.

Pieper, Annemarie: «Umwege zur Philosophie», in: Hauskeller, Christine/Hauskeller, Michael (Hg.): «… was die Welt im Innersten zusammenhält». 34 Wege zur Philosophie, Hamburg 1996, S. 116–122.

Pieper, Annemarie: Gibt es eine feministische Ethik? München 1998.

Pieper, Annemarie: Nachgedacht. Philosophische Streifzüge durch unseren Alltag. Basel 2014.

Pieper, Annemarie: Denkanstösse. Zu unseren Sinnfragen. Basel 2021.

Sowaal, Alice: «Mary Astell», The Stanford Encyclopedia of Philosophy (Summer 2023 Edition), Edward N. Zalta & Uri Nodelman (eds.), verfügbar unter: https://plato.stanford.edu/archives/sum2023/entries/astell/> [13.03.25].

Whitaker, Katie: Mad Madge: The Extraordinary Life of Margaret Cavendish, Duchess of Newcastle, the First Woman to Live by Her Pen, New York 2002.

Beiträgerinnen und Beiträger

Emil Angehrn ist emeritierter Professor für Philosophie an der Universität Basel. Schwerpunkte seiner Arbeit sind antike Philosophie, Geschichtsphilosophie und Hermeneutik. Er war von 1991 bis 2001 Kollege von Annemarie Pieper.

Andreas Brenner, Professor für Philosophie an der Universität Basel und der FHNW in Basel, forscht zu Fragen der Angewandten Ethik und der Leibphänomenologie. Annemarie Pieper war in den 1990er-Jahren Betreuerin seiner Dissertation.

Dagmar Fenner ist Titularprofessorin für Philosophie an der Universität Basel und Lehrbeauftragte für Ethik an der Universität Tübingen und anderen Hochschulen. Ihre Forschungsschwerpunkte sind Ethik und verschiedene Disziplinen der Angewandten Ethik. Sie hat bei Annemarie Pieper studiert und promoviert.

Otfried Höffe ist seit 2011 emeritierter Ordinarius für Philosophie der Universität Tübingen und seit 2020 Lehrstuhlinhaber für Praktische Philosophie an der Tsinghua Universität in Peking. Er forscht vor allem zur Moralphilosophie, Politischen Philosophie und zu verschiedenen Disziplinen der angewandten Ethik sowie zu Aristoteles und Kant. Er war Co-Doktorand von Annemarie Pieper in Saarbrücken und seitdem mit ihr philosophisch und persönlich befreundet.

Monika Hofmann-Riedinger ist pensionierte Privatdozentin für Philosophie und Gymnasiallehrerin. Sie forscht zur Ethik und Metaethik. Sie hat in München bei Annemarie Pieper studiert und war ihre erste Assistentin am Philosophischen Seminar der Universität Basel.

Anton Hügli ist emeritierter Professor für Philosophie und Pädagogik an der Universität Basel. Seine Forschungsschwerpunkte sind Praktische Philosophie, Existenzphilosophie und Philosophie der Erziehung. Er war von 1987 bis 2001 Kollege von Annemarie Pieper und mit ihr bis zu ihrem Tod fachlich und persönlich verbunden.

Katrin Meyer ist Titularprofessorin für Philosophie an der Universität Basel und lehrt Gender Studies an der Universität Zürich. Ihre Forschungsschwerpunkte sind feministische und politische Philosophie. Sie hat in Basel bei Annemarie Pieper studiert und promoviert und war im Zeitraum von 1994 bis 1997 ihre Assistentin.

Rainer Moritz ist Autor, Literaturkritiker und Übersetzer. Von 2005 bis 2025 leitete er das Literaturhaus Hamburg. Er begleitete Annemarie Piepers publizistisches Werk als Lektor und Verlagsleiter über viele Jahre.

Dominik Perler ist seit 2003 Professor für Philosophie an der Humboldt-Universität zu Berlin. Sein Forschungsschwerpunkt liegt im Bereich der mittelalterlichen und frühneuzeitlichen Philosophie. Er war während seiner Zeit als Professor an der Universität Basel (1997–2003) Kollege von Annemarie Pieper.

Patricia Purtschert ist Philosophin und Professorin für Geschlechterforschung an der Universität Bern. Ihre Forschungsschwerpunkte sind feministische Theorien, Intersektionalität und postkoloniale Studien, insbesondere die Erforschung der postkolonialen Schweiz. Sie hat in den 1990er-Jahren bei Annemarie Pieper studiert und 2005 die Promotion bei ihr abgeschlossen.

Andreas Urs Sommer ist seit 2016 Professor für Philosophie mit Schwerpunkt Kulturphilosophie an der Albert-Ludwigs-Universität Freiburg/Breisgau. Er forscht u. a. zur Philosophie der Neuzeit und zur Gegenwart. Er hat in den 1990er-Jahren bei Annemarie Pieper in Basel Philosophie studiert.

Markus Wild ist seit 2013 Professor für Theoretische Philosophie an der Universität Basel. Er forscht hauptsächlich zur Philosophie der Neuzeit und zur Tierphilosophie. Er hat in den 1990er-Jahren bei Annemarie Pieper in Basel Philosophie studiert.

Das Signet des Schwabe Verlags ist die Druckermarke der 1488 in Basel gegründeten Offizin Petri, des Ursprungs des heutigen Verlagshauses. Das Signet verweist auf die Anfänge des Buchdrucks und stammt aus dem Umkreis von Hans Holbein. Es illustriert die Bibelstelle Jeremia 23,29: «Ist mein Wort nicht wie Feuer, spricht der Herr, und wie ein Hammer, der Felsen zerschmeisst?»